让法律被信仰

破产法文库

总主编 王欣新

茶座系列

徐阳光 张婷 主编

BANKRUPTCY

LAW

TEAHOUSE

破产法茶座

第一卷

主编 王欣新

执行主编 徐阳光 张婷

法律出版社

LAW PRESS·CHINA

徐阳光

湖南平江人。法学博士、博士后，中国人民大学法学院教授、博士研究生导师，中国人民大学破产法研究中心副主任兼秘书长。

兼任中国法学会财税法学研究会副秘书长、北京市破产法学会副会长兼秘书长、北京市经济法学会副秘书长、《月旦财经法杂志》执行主编、广西壮族自治区高级人民法院破产审判专家顾问、广州市中级人民法院专家咨询委员、温州市中级人民法院专家咨询委员、北京市海淀区人民法院专家咨询委员、厦门仲裁委员会仲裁员、无锡仲裁委员会仲裁员、苏州仲裁委员会仲裁员等社会职务。

张婷

江苏徐州人。中国人民大学经济法学硕士，北京大成律师事务所高级合伙人，兼任中国法学会银行法学研究会金融安全与金融法专业委员会副主任、中国政法大学金融机构风险处置研究中心执行主任、北方工业大学银行复苏与处置法律研究中心副主任、中国人民大学破产法研究中心研究员、北京市破产法学会常务理事等职务，获评为ALB2017年中国最佳女律师、钱伯斯亚太榜单破产重组领域推荐律师。

《破产法文库》编审委员会

总序

现代破产法融清算退出与挽救更生程序于一体，是警醒正常市场主体"向死而生"之法，是帮助困境企业"涅槃重生"之法，是促使失败企业"规范退出"之法。破产法律制度是市场经济法律体系不可或缺的重要组成部分，甚至被称为市场经济之"宪法"。市场经济社会的基本法则乃公平竞争、优胜劣汰。故，凡市场经济之法治国家，无不将破产法视为其法律体系不可或缺之重要组成部分，并将其作为评价一国市场经济地位和营商环境水准的重要标志。

中国自改革开放以来，高度重视营商环境建设，逐步健全完善市场主体退出制度。1986年12月2日第六届全国人民代表大会常务委员会审议通过了《企业破产法(试行)》，于1988年11月1日起施行。2006年8月27日第十届全国人民代表大会常务委员会第二十三次会议审议通过了《企业破产法》，自2007年6月1日起施行，《企业破产法(试行)》同时废止。2013年11月《中共中央关于全面深化改革若干重大问题的决定》指出：要"健全优胜劣汰市场化退出机制，完善企业破产制度"。2014年10月《中共中央关于全面推进依法治国若干重大问题的决定》指出："社会主义市场经济本质上是法治经济。使市场在资源配置中起决定性作用和更好发挥政府作用，必须以保护产权、维护契约、统一市场、平等交换、公平竞争、有效监管为基本导向，完善社会主义市场经济法律制度。"2018年8月第十三届全国人大常委会立法规划发布，《企业破产法》的修订纳入立法规划，属于"需要抓紧工作、条件成熟时提请审议"的项目。2018年11月中央全面深化改革委员会第五次会议审议通过了《加快完善市场主体退出制度改革方案》，将加快以破产法为核心的市场主体退出制度建立健全的步伐，以更好地服务供给侧结构性改革和营商环境优化建设。

我国破产法的历史虽然短暂,但也已走过了30余个春秋,《企业破产法》及其司法解释构成了较为完整的破产法制度体系,全国各地各级法院组建了约100家破产审判庭,北京、上海、深圳三地更是在最高人民法院的批准下组建了破产法庭,破产审判的市场化、法治化、专业化建设取得了长足的进步,破产案件数量逐渐上升,破产法的理念、文化与制度规则也得到了更广泛的传播和认可。

破产法律制度的建立健全和破产审判的市场化、法治化、常态化推进,是市场经济可持续发展、营商环境优化建设的重要保障,市场经济之发展亦注定离不开破产法学研究之繁荣。中国人民大学破产法研究中心和北京市破产法学会自成立以来,始终坚持学术为本、理论联系实际和以问题为导向的研究理念,不遗余力地创办"中国破产法论坛"及其专题研讨会等权威交流平台,多年来持续编辑出版《破产法论坛》等图书,凝聚了中国破产法理论与实务界之顶尖研究力量,致力于破产法治事业之发展与进步,赢得了全体"破人"之赞誉与支持。

为进一步整合中国破产法理论界与实务界之研究力量,经与浙江省高级人民法院民四庭庭长章恒筑法官、中国人民大学破产法研究中心副主任郑志斌律师、中国人民大学破产法研究中心副主任兼秘书长徐阳光教授、法律出版社法治与经济出版分社社长沈小英编审反复商议,中国人民大学破产法研究中心、北京市破产法学会决定联合法律出版社创办"破产法文库",面向国内外同仁开放。

"破产法文库"设置5个子系列,其中,学术系列希冀广纳中国学界高水准之破产法专著;译著系列拟推介域外之经典破产法文献与法典;论坛文集系列继续推出"中国破产法论坛"及其专题研讨会之优秀论文;实务系列侧重出版破产法实务经验总结之佳作;茶座系列则旨在分享破产法实施中的趣闻轶事以及破产法同仁办理破产案件的心得体会。

从历史上看,中国是一个缺乏破产法文化传统与理论实务研究积淀的国家。"破产法为一重要之法律,然学者研究之者,远不如研究民刑之法之夥;良以向者适用较少,兴趣遂减。"民国法学家吴传颐先生数十年前之感慨,仍让今人有现实之叹。而今,破产法的社会调整作用日益得到人们的认可与重视，破产法的研究也日益深入。破产法是一个综合性的法学领域，破产法治建设是我们共同的事业追求。但愿“破产法文库”之创办能够团结更多法学同仁来关注和研究破产法理论与实践之重点难点问题，并将自己高水平的研究成果纳入文库中出版，共同推动中国破产法学术之繁荣、立法之完善与司法之进步。

是为序！

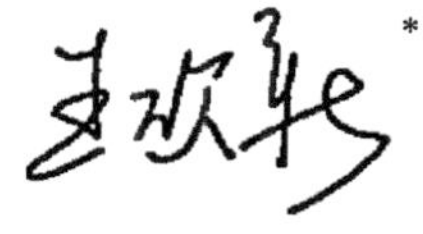*

2016 年 7 月 16 日撰写

2019 年 2 月 26 日修订

* 王欣新，中国人民大学法学院教授、博士研究生导师，中国人民大学破产法研究中心主任，北京市破产法学会会长。

卷首语

王欣新

各位朋友，今天，我们的《破产法茶座》开张了，欢迎大家前来品茶聊天，共叙破产法的文化与理念、趣闻与轶事，谈谈“破人”从事“破事”的感受，奉上思绪随笔与案例漫谈，近视破产名家风范，介绍域外破产风情，如此等等。

法律的实施，尤其是破产法这种社会影响广泛、外部性效应甚强的法律的实施，是一定需要有相应社会制度环境和思想文化氛围支撑。所以，即使一国的破产法已制定出台、生效实施，但也并不意味着其在社会上建立起了符合市场经济的破产观念、破产文化。若想使破产法在社会上充分发挥其调整作用，真正得以全面实施，首先必须使社会接受市场经济的破产观念与文化，扭转过去长期形成的对破产与破产法的各种观念误解与情感抵制。

讲到破产文化，中国确实是缺乏市场化理念的良好传统的。从历史上看，封建时期以来中国的社会观念都是“父债子还，代代相传”，法律对还不起债的现象则是适用刑罚调整。例如，清朝的刑律规定，对于侵蚀倒闭的商民即还不起债的债务人，可由官厅拘捕监禁，分别查封寓所家产和原籍家产，勒令亲属两月内将侵蚀各款偿清，对债务人则杖若干、徒数千里。具有在债务人丧失清偿能力时保障对债务公平、有序清偿的破产功能的法律制度，是在清朝末年才开始出现。此后，在民国时期，破产法得以制定颁布，破产制度得以建立发展。在中华人民共和国成立以后，废止了所有旧法，包括破产法，但社会调整需要的新法却没有及时出台。不过随着公有制企业的全面建立，在计划经济体制的统治下，中国没有真正的企业，没有企业的独立财产，甚至没有多少个人拥有可以称得上财产的家产，无人可破，无产可破，自然也就更不会有破产制度。直至中国改革开放后，1986 年我国第一部破产法才得以出台，此后

2006年新制定的《企业破产法》成为现行破产法。

不管是对企业还是个人,破产显然不是一件值得夸耀的光荣事情,毕竟是在商事经营或生活理财上的失败。但是,把正常的破产视为名誉扫地、欺诈逃债,甚至刑事犯罪,那就与破产在市场经济中的真实属性不甚相符了。破产不是对人的道德的评价,更不能将其视为人生污点,纳入道德档案,让其永世不得翻身。在激烈竞争的市场经济社会,任何企业乃至个人都可能因事业的经营不善、财务的处理错误,乃至社会事件、自然灾害等,出现对债务无力清偿的情况,这如同人的生老病死,乃是市场经济的客观运行规律使然。有人认为,债务人借了钱却还不起债,这就是欺诈逃债,甚至将允许债务人在未能清偿全部债务情况下退出市场、了结债务的破产制度视为让债务人可以合法逃债的卑劣渠道。这种观念是错误的,债务人无法清偿全部债务的原因,不是其依据法律实施了破产,而是因为其经营失败、财产客观上不足以还债。破产恰恰是减少债权人损失、保障公平与有序清偿的关键,及时地申请破产正是债务人对债权人和社会负责任的表现。所以,对那些诚实而不幸,但并无违法与欺诈行为的债务人,社会应当给予更多宽容,而不是歧视与憎恶,应当保障他们的基本生活条件,并给予他们依靠自力在社会上东山再起的机会。尽管在我国破产法已经制定实施的情况下,人们的观念开始逐步扭转,但是在很多人的潜意识中,旧的破产文化与理念仍然顽固的存在,需要进一步清除。

现代破产法包括两类基本制度即清算退出制度和恢复挽救制度。而对破产法认识的又一误区,就是把破产法仅仅视为破产清算法,只解决市场退出问题。2013年无锡尚德太阳能电力有限公司进入《企业破产法》上的重整程序即企业挽救程序。但是,有的媒体在报道时却称无锡尚德被宣告破产,这就是这种错误观念的典型表现。重整制度被世界各国公认为预防破产最有力的制度。我国破产法借鉴国外立法经验建立了重整制度,体现了现代破产法的社会价值发展取向,对于健全我国市场经济法律体系具有重要意义。作为积极挽救企业的再建型债务解决制度,重整不像破产清算那样,简单地将债务人企业的财产公平分配给债权人而使其消灭,也不像和解程序只消极调整债务关系,不涉及企业的资产、业务与股权重组等实质挽救措施。重整制度将债务清偿与企业及营业拯救两个目标紧密结合,一方面,通过对债务关系的协商调整,解决债务清偿问题,避免企业破产清算;另一方面,则将债权人权利的充分实现建立在债务人企业与营业复兴的基础上,全面采取各种重整挽救措施,力图保留企业营业的营运价值,并最终使债权人得到较破产清算更多清偿。我们只有全面认识到破产法的多重社会调整作用,才能真正保障破产法的普遍顺利实施。此外,挽救企业是一定要有法律与社会公平底线的。不能为了挽救一个企业包括维护一个破产企业职工的利益,而损害广大债权人及其他利害关系人的法定权益,包括那些债权人企业职工的利益,损害社会利益,破坏市场经济的基本规则与秩序。

破产法在市场经济中起着重要的积极作用,促进并保障社会资源的优化配置。很多人把破产法仅仅视为消极的法律,是解决企业倒闭时债务清偿的法律,是具有破坏性的法律,这也是一种误解。“不破不立”的老话应当是无人不知,无人不晓,但是将这老话应用于破产制度时,却往往得不到一些人的理解。市场经济运行的基本规则是公平竞争。竞争就必然会有优胜劣汰,进而推动社会发展进步。破产便是企业被淘汰退出市场并优化资源配置的一种法律方式。劣者不被淘汰、不退出,优者的生存空间就会被挤压。社会的各种资源是有限的,当这些资源被应当淘汰的劣者所占用、所不当配置时,就一定会影响社会与企业的正常发展,乃至形成劣币淘汰优币的现象。不允许破产的竞争,不可能是真正、充分、公平的竞争。胜者的发展与败者的淘汰均是社会前行的必要条件。任何人包括政府无论以何种理由、方式,强行维持失败者的存续,实质上必然是对优胜者的压抑,是对社会资源的浪费与劣质配置,是在阻碍社会的发展与进步。

目前我国的企业市场退出机制存在严重问题。社会上存在大量早已丧失活力但仍四处游荡、不能正常退出市场的“僵尸企业”、“植物人企业”。它们占用、吞食土地、厂房、资金、人力等各种生产资料和社会资源,挤占正常企业的生存空间。许多企业经营失败、被吊销营业执照、出现解散事由却不及时清算,或者发生破产原因也不申请破产,甚至故意策划逃废债务,不仅严重损害债权人利益,而且扰乱了社会经济秩序。例如,在河南省对非公有制企业市场退出的调查中,2004 年 8 月 1 日至 2014 年 8 月 1 日的 10 年中,全省被吊销营业执照的私营企业有 147,527 家,其中只有 8801 家吊销后办理了清算注销手续,仅占5.97%,至于依法破产的企业就更是屈指可数了。

市场有进就必然有出,没有健全的市场退出机制,不等于客观上没有事实上的市场退出机制。目前,在我国的实践中发挥作用的是病态、残疾的市场退出机制。从某种意义上讲,许多丧失竞争力与生存力的“僵尸企业”是在依靠一些地方政府的不当政策与资源“输血”而续命,靠政府补贴或银行续贷而维持生存。它们的普遍存在,占用了大量的信贷、土地等社会资源,而使好企业失去营养。所以市场的正常发展必须有健全的退出机制。要想实现经济调结构的目标,首先必须埋葬“僵尸企业”,化解过剩产能,才能为新经济的增长腾出空间。市场应当是一种有效配置社会资源的机制。目前在我国不断放宽市场准入的情况下,必须特别强调完善市场退出机制,要积极疏通退市各项通道,严格规范退市行为,避免形成“肠梗阻”,要保护债权人、债务人正当权益,维护市场经济秩序。为此,需要改变一些地方政府的错误思维与执政模式,要纠正致力于维持虚假的表面稳定的政绩观,纠正以“稳定压倒一切”乃至压倒改革、压倒发展的错误惯性思维,不再为挽救不具有挽救价值与挽救希望的各类“僵尸企业”而浪费社会资源,不再规避、抵制企业的破产,正视职工失业问题与社会保障制度的完善。破产法是一个国家市场经济与法制是否完善的关键性标志,没有破产法的国家、破产法不能顺利全面实施的国家,不可能是一个真正的市场经济国家。

破产文化的建设、破产法的立法与执法完善,是要靠大家的共同努力来实现的。我们创办《破产法茶座》,就是要为各位从事“破事”的同人提供一个畅所欲言、共议破产法的法制精神与文化场所。弘扬破产文化,促进破产法的顺利实施,一个重要方面就是从事破产事业的人要有创新与担当精神。我国的破产制度创建不久,无论是立法还是执法都存在很多问题,尤其是在立法难以及时修改完善、司法实践经验不足的情况下,破产法在实施中难免会遇到一些法律没有规定或规定不明确的地方,会面临诸多疑难问题需要解决,这就需要对法律的正确理解与处置方法创新。所谓创新不是意味着一定会成功,实际上创新是一个不断试错的验证机制,是在不断实验并纠正错误的基础上取得成功,所以任何创新都是存在失败风险的。有风险就要有担当精神。从事“破事”的各位同人,要真想借助破产法为社会、为人民做些有益的实事,就需要抛开对地方利益、小团体利益、个人利益得失的消极狭隘考虑,以勇于和善于承担社会责任的担当精神,去完成历史的使命。

从事破产法的理论研究和司法实践,目前还是一项十分艰苦的工作。在紧张工作之余,欢迎大家到破产法茶座坐一坐,喝杯清茶,聊一聊天,放松一下心情。

各位朋友,请上座,上好茶!

目　录

一、“破人”传奇

破产法学园地漫步与耕耘

——王欣新学术历程回顾

王欣新

王欣新

中国人民大学法学院教授、博士研究生导师，中国人民大学破产法研究中心主任，北京市破产法学会会长，山东省法学会企业破产与重组研究会名誉会长，上海市法学会破产法研究会顾问，东亚破产重组协会中国区副会长，《中华人民共和国企业破产法》起草工作组成员，最高人民法院《企业破产法》司法解释起草组顾问，联合国贸易法委员会第五工作组(破产法)中国代表团专家。主要研究领域为破产法、企业公司法。

时光飞逝,转瞬之间,雪鬓霜鬟,屈指一算,从学校退休已4年有余。然,作为学者,尤其是破产法的学者,却总是退而不休、退而难休。退休之后,在忙于立法顾问、学术研究、实务指导、案例论证等工作之余,有时也不禁回首人生往事,尤其是在破产法园地里的漫步与耕耘。

1952年5月,我在北京出生,也长大于北京。虽然祖籍是山西平顺,但未曾回乡省过亲。从小学到初中,我算是个好学生。初中时在北京五中上学,五中在那时和现在都是北京的重点中学。但仅上了不到1年初中,就开始了"文化大革命"。学是上不成了,虽然有后来的所谓复课闹革命,但也不过是整天混日子胡闹罢了。所以,在上大学之前,我的名义学历就是初中毕业,而实际在学校中学到又多少能够记住的东西,真的只有小学水平,其余的知识均得自于自学。

1969年3月,根据毛主席的号召,我和一些同学被分配到位于北京怀柔县郊的怀柔砖瓦厂。砖瓦厂的工作基本上都是重体力劳动,实实在在是锻炼身体。说实话,作为年轻人并不怕吃点苦、出些力,但是在初期接受工人阶级再教育的激情过后,面对理想与现实的激烈反差、前途的迷茫、生活的苦闷、工作的单调,实在难以承受。分配到砖瓦厂的100多名学生中,很多人想尽各种办法调回了北京市里工作。我也曾努力尝试过,但终因没有关系未能成功。看来求人不如求己,于是改向努力学习,通过高考谋求前程,改变人生。1979年我首次参加了高考,并得以进入中国人民大学法律系学习,从此彻底改变了我的人生。

1979年,我在中国人民大学法律系本科学习。毕业后,考取本校硕士研究生。我读硕士研究生时学习的专业是刑事诉讼法,但在毕业之际,被分配留校时有了一个改换研究方向的机会,可以留在当时新组建不久的经济法教研室工作。在1986年当时的政治经济改革环境下,研究刑事诉讼法有诸多禁区。我当时曾经就无罪推定、被告人沉默权等问题写出一些文章,但是却没有刊物能够发表。在权衡利弊之后,我决定改换门庭,投入新兴的经济法学怀抱中。此后,虽然我还曾在刑事诉讼法方面发表过一些文章,甚至在政治体制改革、司法体制改革等方面发表过文章,为《人民日报》所转载,但从事经济方面法律研究的基本方向再也没有改变。

经济法学的研究方向确定了,但是经济法的学科范围非常广,具体研究哪一个法律领域则需要进一步确定。经过慎重考虑，我决定以当时法律尚在制定中、理论与实务研究也较为空白的破产法作为自己的主要研究方向。由于破产法与企业法尤其是公司法密切相关，所以企业公司法也被纳入了我的研究范围。后来，由于在股票发行与上市等方面业余开展了一段期间的律师业务，我便对证券法中的相关问题进行了一定研究，发表了一些文章。留校之后，我一直为本科生、硕士研究生、博士研究生讲授破产法、企业公司法、经济法等课程，为中国人民大学远程教育学院讲授破产法、企业公司法课程，并且在社会上为法院系统、律师系统、法学会系统、其他大学以及一些大型企业讲授破产法、企业公司法等法律的培训课程。同时作为主持人主持了国家社会科学研究基金 2007 年年度项目《新企业破产法之管理人制度研究》、中国法学会 2015 年部级法学研究课题《自然人破产法律制度研究》等科研项目。

在我的学术研究范围中，破产法是最为重要的部分。虽然在公司法、证券法等方面也发表了数十篇文章，出版了《公司法》、《企业和公司法》、《公司证券法治与司法制度研究》等书籍，但破产法则是自己研究最为投入、成果最多的领域。

破产是市场经济发展到一定阶段必然出现的法律现象，不管是社会主义模式的市场经济还是资本主义或其他模式的市场经济，都是其内在规律使然。破产法是市场经济社会法律体系的重要组成部分，现在这已经是人们的共识。破产法学作为理论研究与实践应用中越来越重要的一门学科，已逐渐成为法学研究和高等院校法学专业的重要课目。但在 30 年前，也就是 1986 年我硕士研究生毕业留校，在中国人民大学法律系任教之际，中国应不应当制定破产法、建立破产制度，仍然还是存在重大争议的问题。

我国的破产立法经历了复杂的发展过程，我也阶段性地参加了主要的破产立法工作。经过激烈的争议，1986 年 12 月 2 日，第六届全国人大常委会第十八次会议通过了我国第一部破产法——《企业破产法(试行)》(以下简称旧破产法)。旧破产法共 6 章 43 条，仅适用于全民所有制企业。该法规定自《全民所有制工业企业法》(旧破产法通过时尚未制定)实施满 3 个月之日生效实施。后根据《全民所有制工业企业法》的制定与实施情况，旧破产法从 1988 年 11 月 1 日起生效实施。

由于旧破产法内容过于简单，法律规范粗略、过于原则化，缺乏可操作性，所以在其通过后,即将依法付诸实施前,考虑到司法实践中应用之需要,国务院决定根据《破产法》的规定,制定《破产法实施条例》。当时,破产法实施条例由国家体改委负责牵头制定。我参加了条例的起草组。在到沈阳等地调研后,经过紧张的起草工作。1989年春,《破产法实施条例》的第二稿制定完毕,准备提交国务院审议通过。但在当年夏天的政治环境下,"改革、开放"遭遇寒流,破产制度也被某些人公开质疑,认为是资本主义的制度,应予废除。所以破产法实施的立法完善工作无法再继续进行,这次立法活动便就此夭折了。

1994年后,破产立法工作才再次被提上日程,由全国人大财经委员会主持进行。但这一次不再是在破产法的实施层面上对其进行补充规定,而是考虑制定一部新的破产法了。当时,中国人民大学法学院本准备推荐我参加破产立法工作,王利明教授与我谈过这一事情,但由于自己出差、工作忙等原因,阴差阳错,没有能够及时参加这一阶段的立法工作。1995年,全国人大财经委员会牵头的破产法起草组制定出新破产法草案,准备经全国人大财经委员会通过,将其提交全国人大常委会审议,但因对法律出台时机存在不同意见以及社会保障制度不健全等原因,立法草案在全国人大财经委员会未能通过。此后,破产立法工作处于停滞状态。在我印象中,2000年左右,新破产法立法再次启动,组建新的立法班子,召开相关立法会议,立法工作才发力继续进行。此后,我参加了新破产法的全部立法工作。

经过全国人大财经委员会10年的破产法起草工作,最终形成《企业破产法》(草案审议稿)。2004年6月21日,在第十届全国人大常委会第十次会议上,新《破产法》草案首次提请审议。随后,在10月的全国人大常委会第12次会议上进行了第二次审议。原计划在2004年12月底提交全国人大常委会进行第三次审议并通过,但由于在职工劳动债权和担保物权债权何者清偿顺序应更为优先的问题上发生重大争议,需要进一步协调解决,破产立法工作就此被停滞了近2年。2006年8月27日历经了12年风风雨雨的起草工作,第十届全国人大常委会第二十三次会议审议通过了《企业破产法》(以下简称新破产法)。新破产法自2007年6月1日起施行,旧破产法同时废止。

新破产法出台后,为保障破产法的顺利实施,最高人民法院组织了新破产法司法解释起草组,我作为起草组成员参加了新破产法实施前发布的3个司法解释的起草工作,并在此后的新破产法司法解释起草组中担任顾问,全面参与了起草工作。

在从事法学研究的30年中,我共发表学术论文约300篇,其中与破产法有关的学术论文有170多篇,在《中国法学》、《法学家》等核心期刊上发表的论文有80余篇,有30余篇文章被《新华文摘》中国人民大学书报资料中心《复印报刊资料》全文转载。在教学与研究过程中,我发表了《破产法专题研究》、《破产法理论与实务疑难问题研究》、《破产法》、《破产法学》、《破产法原理与案例教程》等专著与教材40余部。其中3本教材获评北京高等教育精品教材,《破产法》一书为普通高等教育"十一五"国家级规划教材。我主讲的《破产法》课程获评国家精品课程。我想,在国内破产法学界,我或许是发表专业论文、出版书籍之多者了。

为了更好地进行破产法理论与实务的研究与交流,2006年经中国人民大学批准设立,我牵头成立了中国人民大学法学院破产法研究中心,担任研究中心主任,后研究中心升级为直属学校的中国人民大学破产法研究中心。破产法研究中心是集科研、教学、实务于一体的研究机构,中心聚集了全国著名的破产法理论与实务方面的研究人员50多人,有教师、法官、律师、会计师等多领域人员,共同致力于破产立法和司法的进步,研究破产法的基础理论问题,关注破产法理论与实践的发展动向,进行多方面的破产法研究与交流活动。

2010年经多方共同努力,中国人民大学法学院、首都经济贸易大学法学院、北京市炜衡律师事务所等单位联合发起成立了北京市破产法学会,由我担任会长。北京市破产法学会是经北京市民政局核准登记的非营利性社团法人,业务主管单位是北京市法学会。北京市破产法学会是中国第一个破产法领域的省级学术团体(目前尚未设立全国性的破产法学术团体),也是目前为止全国唯一一家注册为社团法人的破产法学术团体。学会在开展各项工作的过程中,秉承"立足北京、面向中国、走向世界"的理念,虽名为北京市的学会,但实际活动与人员遍及全国,积极促进了全国破产法领域的学术交流,使学会成为中国破产法研究的领军基地,并逐步推进与国外破产法界的学术和实务的交流与联系。此外,我还担任山东省法学会企业破产与重组研究会名誉会长、上海市法学会破产法研究会顾问、中国经济法学研究会常务理事、北京市法学会常务理事等社会团体职务。

2006年12月23日由我牵头组织,商务部、中国人民大学法学院破产法研究中心、最高人民法院民二庭、日本国际协力机构、北京市经济法学会等共同主办了"《中华人民共和国企业破产法》国际研讨会"。2008年5月31日至6月1日中国人民大学破产法研究中心和最高人民法院民二庭、北京市高级人民法院民二庭、北京市经济法学会、北京市炜衡律师事务所等单位联合主办了第一届"中国破产法论坛",此后每年举办一届"中国破产法论坛"。我一直担任"中国破产法论坛"组委会主任。北京市破产法学会成立后,与中国人民大学破产法研究中心携手其他单位共同举办了此后的"中国破产法论坛"。2012年经与最高人民法院协商,"中国破产法论坛"大会改为每两年举办一届,至今已举办六届。在两届大会之间则举办公开或内部的各种破产法专题的"中国破产法论坛专题研讨会"。2013年11月30日最高人民法院民二庭、全国律协破产与重组专业委员会、中国人民大学破产法研究中心和北京市破产法学会等单位共同主办了"中国破产法论坛2013年专题研讨会",主题为"中国破产法的困境与出路——破产案件数量下降的成因及应对"。此后,又陆续举办了多次破产法专题研讨会。2015年6月6日北京市破产法学会、中国人民大学破产法研究中心与北京市海淀区人民法院共同举办了"中国破产法论坛破产重整制度专题研讨会"。2015年12月27日北京市破产法学会、中国人民大学破产法研究中心和杭州市余杭区人民法院共同举办了"中国破产法论坛房地产企业破产专题研讨会"。2016年4月9日中国人民大学破产法研究中心、浙江省瑞安市人民政府、浙江省瑞安市人民法院、北京市破产法学会共同主办"中国破产法论坛'僵尸企业'处置与破产审判工作专题研讨会"。

同时,我们将论坛年会及专题研讨会征集的论文择优编辑成《破产法论坛》,由法律出版社公开出版,至今已出版12辑,我担任主编。此外,中心与学会创办了"破产法前沿"系列讲座,至今已举办了14期学术讲座,中心与学会还发行了3期《破产法动态》(电子刊),以促进破产法研究信息的及时交流。

在国内积极开展破产法的研究与交流活动外,我也积极参加了各种国际交流活动。2015年12月受中国商务部推荐、联合国国际贸易法委员会第五工作组(破产法)的邀请,我作为中国代表团成员,前往奥地利维也纳联合国会议中心参加该组第四十八届会议。在5天的会议期间,中国代表团积极参与了对有关立法草案的讨论与修订。我在会议上作为中国代表团主要发言人就相关立法文件进行了多次发言。这是商务部近年来首次邀请专家学者参加联合国国际贸易法委员会关于破产法的起草工作。2016 年 5 月我继续应邀赴美国纽约参加了联合国国际贸易法委员会第五工作组(破产法)的第四十九届会议,并将继续作为代表团成员参加以后的会议。2016 年 6 月我应邀前往泰国曼谷参加跨境破产国际会议。本次跨境破产国际会议由泰国司法部法律执行司和联合国国际贸易法委员会共同举办,旨在促进东盟各国及其他亚洲国家在破产法领域的交流与发展,以增进各国在处理跨境破产问题时的有效合作。来自亚洲、欧洲和美洲的 300 余位代表出席了会议。我在本次会议作了题为“中国破产法律制度及其实践简介”的报告。此外,与各国破产法学者、从业律师等也进行了广泛交流。

随着我对破产法研究的逐步深入,愈感破产法涉及法学问题甚广,博大而精深,更觉自己力不从心。故虽也尽心尽力,但每发表一篇文章、出版一部书籍、发表一篇演说、讲授一堂课,总觉得战战兢兢、如履薄冰,生怕疏中有错,误人子弟。不过由于做教师、学者多年,总想把自己的一点学习研究心得奉之于众,故仍笔耕不止,仅望能够抛砖引玉,将自己化为中国破产法研究前进中的一块坚实基石。吾虽老骥伏枥,仍旧雄心不已,谨以此文回顾往事、聊表心志。

一位破产法学者的战斗
——伊丽莎白·沃伦自传简介

贺　丹*

伊丽莎白·沃伦(Elizabeth Warren)

美国著名破产法学者,美国哈佛大学法学院破产法教授,研究领域涉及公司重整、自然人债务问题等方面,建议政府应设立相关机构保护金融消费者利益。在金融危机中被任命为问题资产救助计划(Trouble Asset Relief Program)的国会5人监督小组成员,并被奥巴马任命组建美国金融消费者保护署,现为马萨诸塞州参议员。在此次总统大选中,不断有声音支持其作为希拉里·克林顿的竞选伙伴参选。

自2008年金融危机以来,世界范围内最受关注的"破人"当非伊丽莎白·沃伦(Elizabeth Warren)莫属。这位哈佛法学院的破产法教授继受命组建美国金融消费者保护署、当选马萨诸塞州参议员后,更被预测将成为民主党内2016年总统大选的有力竞争者。支持沃伦逐鹿白宫的呼声使沃伦不得不一次次出面声明她不会参与竞选。为此,沃伦甚至亲自客串出演了美剧《阿尔法屋》第2季的一个片段(该剧可在搜狐视频收看),沃伦扮演其本人正在

* 北京师范大学法学院副教授,中国人民大学破产法研究中心研究员。

签名赠书的情景，在其送给同事参议员著作的扉页，赫然写着这样一行字："我无意竞选总统，你呢？"剧中沃伦所赠的著作，就是其2014年出版的自传《一次战斗机会》(*A Fighting Chance*)。

将书名定为"战斗机会"，沃伦意在表明她最终选择全身心地为中产阶级——那些依靠自己劳动生存的人——而斗争，正如她在书中所写："尽管我从未希望来到华盛顿，但是我在这里，为我确信值得付出全部去奋斗的东西战斗：使我们每一个孩子都拥有战斗机会，来建设一个充满理想和探索可能的未来。"

同时，沃伦认为她的人生就是一次战斗，由无数次大大小小的战役组成。

在其著作中，沃伦将其战斗历程分为六个部分：第一章——《关乎选择的多次战役》(Choosing Battles)，讲述了她的家庭、婚姻、求学经历与职业选择，直至她成为哈佛法学院的教授。第二章——《破产法战争》(The Bankruptcy Wars)，讲述了她参与20世纪90年代的美国破产法立法改革，但是最终没有成功为普通民众争取到权益。用沃伦的话说，这场战争失败了，但是从此她不能停下斗争的脚步。第三章——《政府救助错误的人》(Bailing Out the Wrong People)，讲述了2008年11月，当金融危机席卷美国时，她接到了美国参议员的电话，邀请其出任国会监督5人小组(COP)的成员。该小组全称为Congressional Oversight Panel，其简称COP恰好是英文的警察，这或许是沃伦被媒体称为"华尔街新警长"的原因。COP是在设立问题资产救助计划(Trouble Asset Relief Program)的法案中设立的，该小组的工作是监督美国问题资产救助计划的执行。对于这一时期的工作，沃伦认为有成功，也有失败之处。第四章——《100万美元一天可以买到什么》，则讲述了沃伦对《多德—弗兰克法案》的立法推动。立法受到了来自金融业的阻力。大银行用于游说否决法案的资金总和达到5亿美元，平均每天100万美元。在沃伦等人的努力下，法案最终获得了通过。第五章——《人民的行政机构》(An Agency for the People)，讲述了金融消费者保护署的设立过程，特别是围绕金融消费者保护署署长人选的博弈。呼声甚高的沃伦最终没有被提名担任金融消费者保护署署长。第六章——《参议员战役》(The Battle for the Senate)，讲述了沃伦最终决定参选参议员，并成功当选马萨诸塞州参议员的过程。然而，正如沃伦在结语中所言，战斗并没有结束，她将继续为学生、中产阶级和贫穷的人战斗。

沃伦把自己视为一个斗士,在其竞选2012年参议员的宣传海报上,将自己称为“灭火战士”(Fire Fighters)。这个称呼源于沃伦厨房的面包片烘烤机火灾。那还是20世纪70年代的一个早上,沃伦三四岁的女儿在厨房吃麦片,沃伦将四片面包片放入烘烤机烘烤。然后她就去忙其他的事情,忘记了烤面包片。直到她看到烟从烘烤机里冒出来,她冲过去抓住手柄拉出托盘,四块面包片都起火了。她来不及多想,尖叫着把它们扔向洗碗池。三块面包片掉进了水池,而第四块则飞得太高,引燃了厨房的窗帘。沃伦再次尖叫着把女儿的麦片碗扔了过去,牛奶浇灭了大部分火焰。在此之后,沃伦又多次制造了厨房火灾,以至于她父亲把一个灭火器送给她作为了圣诞礼物。

沃伦使用的面包片烘烤机只有一个开关键,如果打开后忘记关,那么引燃食物、融化电线、烧掉整个烘烤机都不在话下。后来,人们在开关上加了一个定时器,使烘烤机可以自动关闭,这样主妇们就不那么容易引发火灾了。

30年后的2007年,当沃伦撰写建议政府设立金融消费者保护机构的论文时,沃伦把美国住房抵押贷款比作当年那个起火的烘烤机。在沃伦引发厨房火灾的年代,每5个烘烤机里就有一个有可能引燃自家的厨房,买到这个引燃自家厨房的烘烤机的机会是1∶5。但在2000年人们得到一个耗尽自家所有财产,使全家无家可归的抵押贷款的可能性同样是1∶5。人们有极大可能性买到一个使自己倾家荡产的金融产品。针对烤箱产品,有具体的政府部门进行监管,而这种置人于风险境地的金融产品却无人监管。于是,沃伦提出了她的观点:抵押产品与其他金融产品应当受到与工业产品同样的监管。沃伦建议成立专门的政府部门对金融消费者进行保护。通过参与设立美国金融消费者保护署,她把文中的建议变成了现实。

对于女性而言,这是一本励志书籍。书的开篇,沃伦写道:“我是伊丽莎白·沃伦。我是妻子、母亲和祖母。”沃伦出生于1949年,她的家乡在美国中部的俄克拉何马城,父亲是维修工,母亲是西尔斯百货的接线员。在沃伦的高中时代,她展现出很高的辩论天赋,并因辩论赛获奖获乔治·华盛顿大学的奖学金。在进入大学2年后,她中学时代的初恋男友大学毕业向她求婚,于是沃伦退学结婚,那一年她19岁。

婚后,沃伦夫妇居住在休斯敦,沃伦在休斯敦大学完成了她的大学学业。之后,丈夫的工作调动到新泽西,沃伦在这里第一次获得教师工作,对残疾孩子进行发音训练。怀孕后，沃伦的学校没有和她续签合同。在生下女儿后，沃伦决定重新求学。女儿2岁时，沃伦入读新泽西州立大学法学院。在法学院毕业时，沃伦怀上了第二个孩子，这使她失去了进入华尔街律师事务所工作的机会。生下儿子后，沃伦参加了律师资格考试，她很可能是带着儿子参加了这次考试。之后，沃伦挂牌执业，她的办公室就是她家的起居室。这段律师执业经历似乎并不成功，沃伦开始继续寻求教职。休斯敦大学法学院聘请了她，丈夫也同意到公司的休斯敦分部工作，于是他们搬回了休斯敦。教学与家庭的负担摧毁了她和丈夫之间的感情。在沃伦28岁那年，她和丈夫离婚，带着两个孩子生活。但仍然保持了她前夫的姓——沃伦。

在一次为法学教师提供的暑期培训上，她结识了康涅狄格大学的法制史教授布鲁斯·曼，开始了她的第二次婚姻。婚后布鲁斯·曼和她一起在休斯敦大学法学院任教。1985年她们双双受聘于宾夕法尼亚大学法学院。在法学院任教后，沃伦执教破产法，开展了她的破产法研究。她对于破产法在现实中的实施抱有浓厚兴趣，有一系列研究成果发表。在沃伦45岁那年，她成为哈佛法学院破产法教授。

沃伦对她生命中的战争和战役的讲述是平和温柔的。在她任职国会监督小组、推动立法、组建金融消费者保护署以及竞选参议员故事的讲述中，她的女儿、儿子和名为奥的斯的狗等的家庭故事不时穿插其间，沃伦认为这些是生命的自然流动，“生命永远向前”。

与沃伦学术论文的典雅行文不同，沃伦在这部自传中使用了很多简洁的短句。这增强了著作的节奏感，也表现出一个战士的力量。全书的行文中透射出来的对个人权利和经济运行的热切关注，以及坚持立场、敢于担当的勇气，相信会深深引起各位“破人”的共鸣。

二、“破法”精义

破产制度的秩序价值和破产程序的启动机制

韩长印*

现代意义上的破产制度早已走出了狭义破产清算的范畴，而是包括破产和解尤其是破产重整在内的广义上的破产制度。破产挽救和破产保护的理念深入人心。因此，所谓“多重组、少清算”的说法和做法，一则可能是对破产法律制度的程序构成缺乏了解，不知道破产法除了破产清算外，还有破产和解与破产重整；二则可能不了解破产重整所具有的破产外重组并不具备的强大的“强制”功能。企业重组如果不根据破产法上的重整制度进行重组，可能根本无法克服重组过程中的钉子户问题。破产重整可以分组对重整计划采取少数服从多数的表决，可以克服钉子户问题，甚至可以通过法院的强制批准，在遵从法律规定最低标准的基础上来矫正个别表决组中多数人的非理性行为。

一、破产制度与个别执行制度的邻接和替代

任何制度都是在特定条件下发挥其制度功效的，一旦这些条件不存在时，相关制度的废弃或者被替代将是必然的。个别强制执行制度之所以在债务人出现破产原因时有可能退让给破产程序，即在于破产程序具有个别执行程序

* 上海交通大学法学院凯原特聘教授，破产保护法研究中心主任，兼任上海市法学会破产法研究会会长、中国人民大学破产法研究中心副主任。

所不具有的独特价值。[1] 如果我们承认制度经济学分析人类行为时的两个基本假定,我们就会从一个侧面窥见破产制度得以建立的一些动因。按照制度经济学的假定和分析:一方面,人都是“经济人”,都具有趋利避害的动机,其参与经济活动的目的都是自身经济利益的最大化;[2]另一方面,人的行为具有机会主义的倾向,即投机取巧的倾向,一旦有可能就会为了自己的利益去破坏规则、钻空子取巧。而机会主义倾向之所以盛行,除了人类的自私本能外,客观上存在的信息不对称和信息不完全也是重要的因素。其结果是掌握信息的一方或者掌握较多信息的一方在经济交往中就有可能利用自己信息充分的地位欺骗缺乏信息的一方,从而会在较大程度上强化人的机会主义行为。经济人的假定和人类行为的机会主义假定说明了一个问题,就是“人都有破坏制度为自身牟利的天然冲动”。[3]

具体到个别执行程序与破产程序的关系而言,立法之所以承认个别执行行为的合理性以及作用空间,是因为其建立在债务人有足够的支付能力的前提和基础上的。债务人尚未出现破产原因时,个别执行的游戏规则可以尽情地发挥作用,并且个别执行所贯彻的“先来先得”(first come, first served)的基本理念更有利于社会财富的创造、交易效率的提高,以及对当事人民事处分权的尊重。然而当债务人出现破产原因后,如果继续恪守个别执行制度所隐含的“先来沾光,后来遭殃”的游戏规则,不仅会破坏交易人赖以实施交易的信用和交易秩序,而且会将这种消极的行为后果反射到交易人之外进而造成更大范围的信用污染。此时,个别执行制度应否为其他制度所替代,完全取决于其对这种消极后果的预防、避免和化解的可能性。

显然,在债务人出现破产原因的情况下,对个别债权人的个别执行行为进行否认可能更加符合公正和效率的理念,因为它可以避免对财产的哄抢并可节省为了哄抢及准备哄抢而花费的无谓代价。然而,一方面,个别执行制度并

---

① 韩长印:“个别执行与破产的双重立法选择——兼论自然人的破产能力”,载《河南政法干部管理学院学报》2000年第6期。

② 这里我们暂不考虑制度经济学同时承认的人对非物质的追求,也即人的行为的利他主义一面。

③ 王跃生:“自行车税引起的话题”,载金明善主编:《经济学家茶座》(第1辑),山东人民出版社2000年版,第127页。

没有为个体债权人提供相互之间足以互相制止抢先行为的制度保障；另一方面，靠个别债权人来制止其他个别债权人的执行行为，即便有这种可能，怕是也要付出高昂成本的，何况否认个别执行行为本身实际上是否认了个别执行的制度本身。据此我们可以说，在债务人出现破产原因的情况下，对债权债务关系的合理调整已超出了个别执行制度赖以运作的范围和条件，客观上必然要由其他制度来接替其原来的制度使命。

破产制度在债务人达到破产界限时虽具有替代个别执行程序的价值，但它却是一种耗时费资的程序。破产程序尤其是破产清算程序的进行往往旷日持久。破产清算程序开始之时尚难确定债权人的人数和债权额，加之此时债务人的财产大多为非金钱财产，只有经过变价程序后方有分配的便利，而变价过程中的确定交易条件、实施拍卖、寻求买主甚至在一段期间内继续维持企业的经营等均可能耗费较多时日。这样，在破产清算程序中保持破产财产的价值，使其不至于减损就显得非常必要。此外，破产预防程序的开始要想达到既定的目的，既需要维持企业的继续经营，又需要依靠自动冻结制度（automatic stop）来防止个别债权人对债务人的过渡催逼，以使债务人获得必要的喘息机会，从而使破产程序所涉及的各种权利义务关系得到有序的处理。

破产程序所面对的权利义务关系主要是私权意义上的债权债务关系。私权关系的性质特点决定了法律不应当毫无根据地改变破产程序开始之前业已存在的私权意义上的权利义务约定。基于此，破产程序的制度设计原则上应当保证债权人的利益格局不因破产程序的推进而发生根本性改变。同时也不应使债务人与各债权人之间既存的经济关系和财产关系因为程序的进行而受到实质性影响。然而破产程序的开始对各种债权人包括某些担保债权人利益所形成的直接威胁是客观存在的，这种威胁对债权人尤其是无担保债权人而言不啻为“公共鱼塘”（common pool）的毁灭（此后任何合法有序的或者投机取巧的“个别钓鱼行为”即个别执行行为都将成为不可能）。此时，市场经济条件下所承认并倡导的债权人的自利主义本性在决定各个债权人追求个体权利优先的合理性及客观性的同时，也决定了债权人在此种情势下的抢先执行甚至掠取债务人财产的可能性将会达到极致。

虽然学界不乏对现代社会所处的“社会人”阶段的诸多不同于“经济人”

阶段的特征描述,[①]然而,市场经济中各交易当事人先天所具有的“经济人”血统以及由此血统所蕴含的自利动机和自利行为的普遍存在却至少在眼前是无法否认的。我们在承认这种自利动机和自利行为的某种合理性的同时所进行的制度设计和制度创新即应当程度不同地因循这种自利行为的逻辑机理。[②]

具体到破产制度,不难推断,债务人不能清偿到期债务时,即便立法机关已经设计出一套精美的制度规则去等待当事人选择援用,然而如果当事人都认为抢先执行的制度合理有效并崇尚这样一种抢先执行的做法,或者说这种做法并不构成对特定债权人利益的损害和对公共利益的威胁,或许这种“先来沾光,后来遭殃”的游戏规则能够迎合交易中的公平和效率理念而会继续延续下去。

然而,当某些债权人(比如,已取得执行名义或者已经对债务人的财产采取了执行措施)的自利行为在他人看来将会危机到自身利益的时候,不需政府和法院的劝导。这些债权人会毫不犹豫地选择能给他们的财产关系做出另一种安排的破产制度或者破产预防制度介入其间,以阻断个别债权人的抢先执行。破产法上的自动冻结制度以及破产撤销权制度等就是这样一类由于特定当事人选择发动了破产程序而对各当事人间的财产关系做出另外安排的制度,其目的要么在于保证破产程序开始之后破产财产的价值不至于减少,并且如果可能,那么或多或少地实现财产的增值,要么在于对有限财产在各个利害关系人之间做出一种便于维持交易秩序和信用秩序甚至是稳定的社会秩序的重新分配和安排。此时,问题的关键便在于立法设计上是否设定了此种触发机制或者激励机制。

---

① 学者指出,到目前为止,人的发展历程已经历了这样几个阶段:动物人阶段、工具人阶段、经济人阶段、社会人阶段、文化人阶段,甚至将来还有可能发展到第6个阶段即异能人阶段。从整个社会的发展来说,“工具人”时代早已过去,甚至已不是“经济人”时代。就世界范围的时代本质而言,人已进入“社会人”阶段。参见唐丰义:“市场经济与人本主义”,载金明善主编:《经济学家茶座》(第2辑),山东人民出版社2000年版。

② 与经济人的本性保持一定契合的制度设计(这种契合可以使相应的制度更具有操作性)应当建立在这样一种判断之上。自利的动机和行为固然有其消极的一面,但依照这种动机所设计的可供当事人选择适用的制度,其制度参与规制和运行的结果,却不一定是自私和消极的。

二、“公共鱼塘”假设与破产程序的秩序价值

法律制度所关注的社会问题或许存在种种差别，但却可能像经济制度一样建立在一个基本的社会关怀上，那就是有限资源的公平分配。社会领域中常见的一个带有普遍性的问题就是“公共鱼塘”问题。设想一个养鱼的池塘，如果其产权归某个单一的渔业主所有，渔业主会主动控制每年甚至每天钓鱼的数量，约束对鱼的消费和出售，以保证鱼的再生产和来年足够的鱼虾供应。现在设想该鱼塘是无主鱼塘或者公共鱼塘，情况就大不相同了。如果一群怀有不同私利的人可以随意去池塘钓鱼，恐怕每个人都会想方设法满载而归，不可能考虑鱼塘的未来。尽管对钓鱼总量的控制对每个人都会有好处，但谁都能意识到本人的自我约束未必能够保证他人也能做到自我约束，甚至认为今天自己的自我约束只能给他人明天的私利行为带来好处，而不会保证鱼塘有足够的剩余。陷入财务困境并面临相互竞合的多元债权人债权请求时的债务人便属此种境遇的渔业主。

市场经济是以承认社会个体的自利行为为基础的，并且以“个人的自利行为会刺激人们对财富的追求和创造，从而会使每个人的境况更好”这一判断为其理论和制度前提。然而当自利行为与公共鱼塘问题连在一起的时候，它“带来的并非全是积极的后果”。① 因为自利行为决定了在缺少一种约束机制的情况下，任何人都不会为了群体未来的利益着想而去主动约束自己的行为。社会生活中偏偏随处可见这种个人利益与群体利益发生冲突的情况，相应地，诸多法律规则的创设就不得不要么通过某种价值观的引导，要么通过制度的约束来劝导人们尽量从群体利益的角度行事，将个人对这种价值观和制度理念的内在的遵从外化为一种对他人同时对自己都属理性的行为。虽然用公共鱼塘理论分析破产制度的价值在有些人看来可能存在过于技术化的成分，但它却可帮助我们对相关问题做出更简洁的概括。

当债务人的财产足以清偿其所欠债务时，债权人好像在一个取之不尽的

---

① Douglas G. Baird, Thomas H. Jackson, *Cases, Problems, and Materials on Bankruptcy*, Little, Brown and Company, 1985, p. 32.

大鱼塘里钓鱼一样,不必过分担心鱼量的枯竭或者鱼塘的存续,当然也不必急于抢先钓鱼。因为它可以根据自己的需要而"随用随取",即便姗姗来迟也不至于空手而归。此时,不需要破产程序或者其他概括执行程序的存在,个别债权人可以随时对债务人的财产实施执行,不必对自己的讨债行为施加什么约束,也不需要考虑其他利益主体的利益。

然而当债务人的财产所剩无几时情景就完全不同了。每个债权人都会尽其所能抢先下手。其结果必然会造成"对于所有债权人来说的价值贬损"。所以,"按有序的方式来完成债务人资产的处理是符合债权人集体利益的"。[①] 破产法的目的正是为债权人的集体利益去实现债务人资产利用的最大化,它既可能使债务人的总资产价值增加,又可能提高债务人资产处置的效益,还可以降低用于预防他人的"损人利己"行为而必须付出的防御性代价,"它在使所有债权人的集体行为统一于破产程序的前提下,使每个债权人的获偿状态更好而无任何人比原来的状态更坏"。[②] 因此,给债权人利益以平等的和最大限度的保护乃为破产制度的重要价值追求。正如卢梭所言:"当正直的人对一切人都遵守正义的法则,却没有人对他遵守时,正义的法则就只不过造成了坏人的幸福和正直的人的不幸罢了。因此,就需要有约定和法律来把权利与义务结合在一起……"[③]

破产程序对全体债权人有利并不表明这种程序规范必须由政府或者立法机关去干预和制定相关的规范,而不能由有关各方自己通过合约来约定。从法经济学的观点来看,在一个签约无成本的世界里,理智的债权人完全可以完成这样一个程序约定。但事实显然并非如此,任何一个或几个债权人不费任何代价地完成统一债权人协议的签订都是非常困难的。"相反,有关各方可能更愿意依靠政府提供的标准形式的破产程序。"[④]这便是破产立法的理论依据所在。

---

① [美]哈特:《企业、合同与财务结构》,费方域译,上海三联书店、上海人民出版社1998年版,第198页。

② 郁光华:"论破产法的经济逻辑原理",载魏振瀛、王贵国主编:《市场经济与法律》,北京大学出版社1995年版,第177~179页。

③ [法]卢梭:《社会契约论》,商务印书馆1980年修订第2版,第49页。

④ [美]哈特:《企业、合同与财务结构》,费方域译,上海三联书店、上海人民出版社1998年版,第198页。

可见,在债务人的财产不能够满足所有债权人的清偿要求时,破产立法这一概括执行程序作为对个别执行程序的一种否定和排除方式,实际上就是意图解决有限的"公共鱼塘"的分配问题。破产法的秩序功能一定意义上就在于鼓励债权人及其他权利人像鱼塘的单一所有人那样理智行事,如果有人意图破坏此种理性行为并危及他人的终极利益时,应当允许他人寻求替代的救济程序。

三、破产程序的自我启动机制

如果说"公共鱼塘"问题是破产法的核心政策,那么该项政策的贯彻和推行究竟是依靠立法或者政府的外在强制力,抑或是依靠当事人出于自利的考虑主动对立法建立的程序制度做出选择呢?假如认为可以靠外力来推动,那么法院对破产的职权宣告(比如,"执行不能依照职权转破产"),又或者由政府来通过政策性推动"僵尸企业"的处理,就是天经地义的了。因为法院的职权宣告是外力发动破产程序的典型标志,政府的政策性破产也不是没有运动式地实施过(只是拿出1000亿元人民币用于职工安置,其在不同所有制性质的企业之间、不同的行业之间、不同的地区之间怎么进行分配才不至于造成所有制等方面的歧视待遇,需要从法律的公平性方面予以审视)。①

如果反之,则只能依靠当事人的私权行为来发动破产程序的开始。在程序启动之后,立法目的和公共政策的作用才能通过"搭便车"的方式得到发挥。否则,破产程序没有启动时,由于公共鱼塘问题没有显露出来,就不应当有公共政策的适用余地。

许多国家立法上并没有类似职权宣告的规定。当一个债务人企业所拖欠的债务受到债权人个别强制执行的追索时,假使该项追索不足以影响债务人企业财产的完整性以及企业的存续,包括债务人在内的任何人都没有阻止其实施执行的必要。因为人们"不能生活在一个债务人可以随意而无任何代价

① 笔者无意否认该1000亿元职工安置费用列支的合理性,在我国常年高就业、低工资的就业模式下,这种职工安置费可以算作是对职工收入的一种弥补。

地逃废债务的世界里”,[1]不能生活在一个没有信用的世界里。如果债务人的财产不是充当债务人的责任财产、不能由债权人直接实施执行,立法者就有责任向债权人做出解释和证明,证明这样做的正当性与合理性。因为谁都不会承认,没有一套作为交易习惯的信用维持规则或者法律规定的债权清偿规则的恪守(比如,债务人的义务可以依法强制执行),就能够奢望经济的发展和繁荣。如果没有交易习惯或者法律上的对债权的规则保障,交易就可能难以进行或者变得相当困难。

然而当个别执行足以影响企业的存续,比如,某项执行的结果将导致企业营业的停顿乃至企业组织体的解散时,如果此时债务人或者债务人企业的经营者并不愿意企业进入破产清算程序,立法就应当尽可能为他们提供更为有效率的出路选择。《美国破产法》就允许债务人于此情势得随时提出《破产法典》第11章规定的整顿程序。这样做的结果不仅可以阻却债务人遭遇破产清算的厄运,而且可以阻止个别债权人的强制执行,甚至可以使已经实施执行的财产返还给债务人。显然,美国法上的设计达到了一个制度机制的自动启动和运转意义上的效果。只要债务人即将遭受或者实际面临个别执行可能带来的灭顶性灾难的时候,就会主动寻求破产救济也就是整顿程序的帮助。但毕竟许多企业按照市场经济和市场竞争的一般规律终究是要遭受淘汰的,所以相当多数的企业抱着起死回生的一线希望即便进入了整顿程序,只不过是在执行“死刑”之前再走走“死缓”的过场而已。然而这种制度设计给债务人提供的起死回生的一线希望却构成了债务人企业发动整顿程序的主要动因,并主要通过这种设计建立了企业从市场退出的正常机制。

虽然公共鱼塘问题决定了债务人财产不足以清偿其全部债务时,债权人存在个别抢先执行的可能和冲动,但也应当承认,债权人并不总是放纵自己的行为。他们有时能够认识到约束自己行为的必要性,尤其是有些情况下债权人并不总是人数众多,或者说大债权人的人数并不众多,他们可能不需要借助于外在的强制性程序,哪怕是花费一些他们认为值得花费的代价去寻求一种新的债务解决方案或者达成新的合约。这就为破产程序之外债务的私下整理

① Douglas G. Baird, *A World Without Bankruptcy*, *Law and Contemporary Problems*, Vol. 50: No. 2, 1987, p. 175.

或者破产程序之外存在其他作为破产程序的替代性程序或债务处理制度提供了理论上的可能和实践方面的依据。

历史上看，在破产免责制度产生前，由于实行有罪破产主义，破产程序的提起部分是靠债权人为了阻却个别债权人的优先执行而提起，部分则是靠债务人自己提起。当时，债务人提起破产的动机在于免受判罪监禁之苦，各国立法为其设定的提起方式是来自罗马法上的"善意交付制度"（assignment for the benefit of creditors）（只有这样才可免遭监禁）。当有罪破产制度被废除后免责制度建立之前的过渡时期，债务人丧失了提起善意交付等主动发起破产程序的利益驱动机制，善意交付以及自愿破产对债务人而言也就丧失了意义。历史上由善意交付向真正的自愿破产的这一过渡期内，可以肯定地说，善意交付及自愿破产制度实际上是陷入了名存实亡的境地。进一步分析可以发现，免责制度产生之后，又为债务人自愿破产建立了一个驱动机制，自愿破产复苏。

当投资者能够通过公司以及公司本身所蕴含的投资者有限责任制度在破产程序之外获得与免责同样的降低风险甚至回避（实际上是分散）投资风险的益处后，债务人提出破产的动机却又发生了翻天覆地的变化。不难看出，此时债务人提出破产申请的目的在于获得和解、重整等破产预防制度可能给其带来的好处，并可以附带通过随时提出的重整程序来阻止个别债权人实施的可能给债务人企业的正常营业及组织体的存续产生的致命性打击。此时，债务人对破产预防程序的发动甚至比债权人的积极性更高。因为，一旦提起破产预防程序，自动停止制度所产生的对债权人行为的限制将会使债务人的经营获得或长或短的喘息机会，这无异于使债务得到了展期和拖延。当然，债务人基于这种动机而发动破产清算和预防程序的结果却未必仅仅对债务人有利。破产程序开始前业已存在的当事人之间的权利义务格局在破产程序中得到尊重，尤其是担保物权在破产程序开始之后的充分保护以及受到消极影响之后的补偿制度，也是债权人接受甚至配合破产清算以及破产重整制度的根本所在。①

---

① 韩长印："破产理念的立法演变与破产程序的驱动机制"，载《法律科学》2002年第4期。从这个意义上讲，足额担保的担保物权在破产程序开始后是否计息，如果不计息，迟延清偿所遭受的损失是否应予补偿也是衡量市场信用状况以及破产法对债权人利益保护的程度的重要标尺。

形式比较而言,我国现行立法不仅没有给债务人提供足够多的申请激励,而且甚至在相关实务中设置了相应障碍。

前者比如,没有在债务人提出申请之际即产生自动冻结的法律效力,申请之后到法院受理之间有较长的审查期间(对于上市公司而言可能长达数月),其间债权人通过个别强制执行所实施的"抢夺行为"有可能成为压垮债务人的最后一根稻草而置债务人于死地。因为,《最高人民法院关于适用〈中华人民共和国企业破产法〉若干问题的规定》(二)第15条规定,"债务人经诉讼、仲裁、执行程序对债权人进行的个别清偿,管理人依据企业破产法第三十二条的规定请求撤销的,人民法院不予支持。但是,债务人与债权人恶意串通损害其他债权人利益的除外"。

后者比如,我国立法自然形成的对没有破产能力的自然人债务人实行个别执行的平等主义,对有破产能力的企业法人实行个别执行的优先主义,但最高人民法院1998年《关于人民法院执行工作若干问题的规定》(试行)第96条规定:"被执行人为企业法人,未经清理或清算而撤销、注销或歇业,其财产不足清偿全部债务的,应当参照本规定九十条至九十五条的规定,对各债权人的债权按比例清偿。"该规定第90条指出:"被执行人为公民或其他组织,其全部或主要财产已被一个人民法院因执行确定金钱给付的生效法律文书而查封、扣押或冻结,无其他财产可供执行或其他财产不足清偿全部债务的,在被执行的财产被执行完毕前,对该被执行人已经取得金钱债权执行依据的其他债权人可以申请对被执行人的财产参与分配。"

正如有学者指出的,"这一规定的目的是将执行程序升格为'小破产程序',以期在债务人财产不足以偿债的情况下让尽可能多的债权人得到(部分地)清偿"。"从我国的实际情况来看,改进参与分配制度,尤其是增加公告程序,同时允许其他未取得执行资格的普通债权人加入到清偿中来,未尝不是一个(事实上)扩大破产程序应用的途径。不过,权衡利弊,最合适的解决方案仍然是扩大破产程序的应用,以避免'小破产程序'在制度上的简陋造成实体上的不公。"①

① 许德风著:《破产法论——解释与功能比较的视角》,北京大学出版社2015年版,第17~18页。

有理由认为,此司法解释将过去仅仅适用于自然人和非法人企业的参与分配制度,通过"参照"的方式扩展适用到企业法人这类主体之上。该做法某种程度上弱化了对企业法人启动破产程序的动力,影响了企业破产法的实施效果。这或许正是之后最高人民法院试点推行执行不能转破产程序的原因所在。故而,自 2013 年始最高人民法院在法院系统开展了执行不能案件转破产的试点工作。笔者尚未关注该试点工作取得的效果(因为,近期破产法领域的注意力似乎转入了"僵尸企业"的清理方面),唯希望其并非用一个新错误来纠正一个错误。

众所周知,司法的属性是消极中立的,破产程序的属性也大抵如此。尽管破产程序之外的诸多社会经济因素会对破产法的有效实施产生程度不同的消极影响,破产立法本身以及相关的司法解释导向上也的确需要对这些社会情势做出必要回应。但完善破产法制的根本之道以及破产法实施的最终效果如何,或许还在于破产法自身的完备。推动破产法有效实施的努力方向,似乎更应放在破产法自身在回应社会情势的基础上完备自身规则的构建上。如果破产法规范能够充分体现对相关利害关系人的制度救济,并对相关利害参与人参与其中构成较大的制度利益诱惑,一个顺畅的破产程序启动机制乃至与社会经济情势形成良性互动的具有自运行效能的破产法律制度,在不远的将来并不是不可企及的。

破产程序中的银行债权保护问题

卜祥瑞*

在中央经济工作会议确立"去库存、去产能、去杠杆、降成本、补短板"的工作任务之后,房地产企业破产在一定意义上说已然成为趋势。银行往往是破产企业的最大债权人。银行债权的保护问题与破产程序的顺利推进密切相关,也关系金融安全的问题。笔者在此主要结合房地产企业破产的特殊性来谈银行债权的保护问题。

一、房企破产为何特殊

不破不立。任何事物都是通过一定形式获得再生,房地产行业也不例外。常常想,中国的房地产行业为什么会这样容易破产?银行业人是否应该反思?前些年读了一本《美国银行》的书。该书详细记载了该行创始人 A. P. Gianini 的事迹。他有一句名言:"做事从不考虑自己,此即我成功的最大原因。"该书卷首描述了一个真实案例,美国银行因为给一农场过度授信,不仅导致农场破产,还引发了一场旷日持久的诉讼,最终以银行败诉为结局。我国的银行业是不是也存在对房地产行业过度授信呢?当今社会浮躁感极强,在银行领域亦然。四个过度,麻烦不少。

一是过度授信。不该审批的贷款为了某种配合,或者配套4万亿元,或者配套当地发展经济,最终还是审批通过,甚至出现企业要1000万元银行非要

* 中国银行业协会首席法律顾问。

给 2000 万元的匪夷所思的现象。过度授信迫使银行过度依赖房地产等并不易变现的抵押物，也造就了今天银行业巨额的不良资产。

二是过度竞争。今天谁再说银行业垄断其实已经是笑话，遍地银行，全国银行业金融机构已经有 4300 家。银行业机构审批过多，加剧了同业竞争，导致各家机构为了"立行"不择手段竞争存款，高息揽存现象时有发生。过度竞争抬高了整个社会的融资成本，最终将高成本转嫁到融资企业，尤其是房地产企业身上。我们不禁要问，除了房地产行业，谁还能够有能力覆盖这样高企的融资成本？可以说，畸形的金融供给制度和畸形的房地产乱象是导致房地产企业破产的重要根源。

三是过度服务。中国银行业的服务质量远胜于某些机关衙门，且已经服务过度。银行机构为什么要延长营业时间？为什么要在节假日哪怕是春节期间也要上班？在 ATM 取款机满街都是的时代有没有必要让银行员工无休止的加班、串班？过度服务不仅让银行业从业人员失去应有的职业优雅，也娇惯了个别消费者，过度维权事件的频发恰恰是银行过度服务的恶果，过度服务也让银行失去了依法维权的信心。

四是过度追求利润。中国银行业每年的贡献度很大，甚至"惊人"，但是银行从业人员尤其是基层工作人员的待遇同样"惊人"。该给员工的没有给到位，不该赚的钱却锱铢必较，让银行业成为众矢之的。

四个过度不仅让整个银行业显得浮躁，也催生了一系列"僵尸企业"。银行业值得反思，房地产业以及其他"僵尸企业"经营者、管理者同样值得反思。大浪淘沙，但愿浪花淘尽英雄。

房地产企业破产不同于其他企业破产。这些年国企、民企破产的事件此起彼伏，房地产行业破产的高潮似乎还没有到来，未来二三线城市或者中小房地产企业破产可能是普遍现象。房地产企业破产确实具有其特殊性。一是房地产企业破产涉及的主体比较多。二是债权复杂，银行贷款的种类更是多，包括与房产或地产的开发、经营、消费活动有关的贷款如土地储备贷款、房地产开发贷款、个人住房贷款、商业用房贷款等。不同类型的贷款授信条件亦不相同，每类贷款的担保也不同，多主体、多种类贷款交融在一起，形成了复杂的银行权益。三是涉及房地产企业破产的规则欠缺。无论是法律法规、监管政策还是银行内部的控制制度，涉及房地产破产程序中银行如何行权、维权的制度规则十分缺乏,甚至是空白。例如,银监会《商业银行房地产贷款风险管理指引》内容涉及上述四种贷款的风险管理,在风险控制上只规定,商业银行应建立房地产贷款的风险政策及其不同类型贷款的操作审核标准,明确不同类型贷款的审批标准、操作程序、风险控制、贷后管理以及中介机构的选择等内容。商业银行办理房地产业务,要对房地产贷款市场风险、法律风险、操作风险等予以关注,建立相应的风险管理及内控制度。在开发贷款上强调了商业银行应密切关注建筑工程款优于抵押权受偿等潜在的法律风险。在个人贷款方面强调了商业银行应建立逾期贷款的催收系统和催收程序。应将本行内相关的个人信用资料包括逾期客户名单等实行行内共享。几乎不涉及房地产企业破产后银行业如何维权问题。行业协会在这方面亦无任何可供借鉴的规范或指引。在司法方面,最高人民法院确实研究制定了关于《企业破产法》的多个司法解释,但是涉及房地产企业破产的并未出台专门规定,各地法院有的在探索出台相关规范文件,但毕竟效力不足,且全国人大亦不鼓励地方高级法院出台类似司法解释。正因如此,一般企业破产银行债权保护难,房地产企业破产中银行的债权保护则是难上加难。

房地产企业破产,涉及银行权益最大问题是债权的清偿顺序。有人曾列举出最基本的清偿顺序:支付全部或大部分款项的消费购房人请求权、建设工程承包人请求权、担保物权、劳动债权(包括职工的工资和医疗、伤残补助、抚恤费用,所欠的应当划入职工个人账户的基本养老保险金、基本医疗保险费用,以及法律、行政法规规定应当支付职工的补偿金)、所欠税款及前项规定以外的社会保险费用、普通破产债权。如果有一个明确的顺序当然好,科不科学、合不合理是另一个问题。但前提是谁来明确、固化这样的顺序。银行业更关注的是房地产抵押贷款的受偿问题。它不仅关乎银行当债权保护,在一定意义上也涉及国家的金融安全。因为房地产领域贷款占银行业贷款比例是比较高的。前几年大家关心政府融资平台贷款和房地产贷款,根本原因是两项贷款占整个银行业贷款总额的近50%,任何一项出问题,银行业都会出现翻天覆地的变化。政府融资平台贷款通过中央政策调整,现在似乎没有大风险。房地产领域的贷款尤其是不良贷款自然成为人们关注的焦点,而银行业无法回避。

在房地产企业破产过程中涉及银行贷款权益的法律问题也很多。例如,预告登记与抵押登记问题，目前《物权法》规定预告登记的法律效力就存在争议。预告登记保护的是什么？到底是物权化之债权？还是物权＋债权？抑或是债权物权化？各地法院在裁判上尺度不一，让银行很困惑。中国银行业协会曾专门致函国务院法制办、国土资源部，希望能在不动产登记条例中明晰在能够办理不动产登记3个月时，预告登记自动转化为抵押登记，但未被采纳，希望未来《物权法》司法解释能够明确这一点。还有按揭贷款房屋抵押与开发房企土地抵押重复问题、轮候抵押问题（北京的做法与各地不一样），消费者投资行为与消费行为区别问题、建设工程价款受偿权与农民工权益保护问题、购房人和被拆迁人与生存权、物权保护问题、刑事犯罪与民商债权交叉处理问题等，都直接关乎银行在房地产企业破产中的债权保护。笔者曾以仲裁员身份审理一起浙江某大学在银行抵押状态下使用权融资合同效力问题，还涉及房地产让与担保、房地产企业股权让与担保问题，这些问题恰恰缺乏明确的法律界限，还好争议解决方式是仲裁。另一个问题是房地产企业贷款不良后的转让问题。在银行不良债权转让问题上，中国人民银行曾有《关于商业银行借款合同项下债权转让有关问题的批复》（银办函〔2001〕648号），以经营贷款需要特殊资质而否定了银行向社会公众转让债权的行为效力。2009年《中国银行业监督管理委员会关于商业银行向社会投资者转让贷款债权法律效力有关问题的批复》（银监办发〔2009〕24号）则明确可以向社会公众转让银行不良债权。2012年财政部　银监会《金融企业不良资产批量转让管理办法》（财金〔2012〕6号）又规定批量转让不良资产限制，并依据该办法增加了地方资产管理公司（Asset Management Companies，AMC）经营不良资产的资质许可（值得讨论），房地产企业不良债权银行可否转让？规制本身存在一定问题。最高人民法院曾专门举办关于不良资产转让有关问题的座谈会，讨论商业银行不良资产可否向社会公众转让，是否保护转让后利息、罚息，是否区分企业的性质等。当然笔者不赞成对不良贷款受让主体及契约权益进行司法限制。可见，社会各界对银行不良债权转让法律效力认识存在巨大差异，银行在房地产企业的不良债权转让上同样存在上述问题。

银行视角房地产企业破产的共性。很多破产学者对“破事”研究得十分透彻。但关注银行在房地产企业破产中的债权保护问题还不够。在银行视角下房地产企业破产确有共性：一是债权受偿率同样低下；二是抵押优先权难以保障;三是涉房债权执行等法外干预问题严重。政府对土地开发政策执行存在不确定性,因为房地产企业破产涉及主体尤其群众利益较多,因维稳损害银行的权益问题还是比较突出。

二、银行如何维权

房地产企业破产毕竟不是好事,但是破产程序是银行债权保护的最后一道屏障,在房地产企业破产中依法维权并非易事。

银行在房地产企业破产程序中依法维权,至少需要关注以下几个方面:

一是要确保债权与担保权的有效性。一般来说,证明银行债权有效性并不难,但是银行债权时效问题、权利范围(利息、罚息、实现债权费用等)问题往往存在争议,更重要的是担保权的有效性问题。因为银行倒贷、展期等操作往往引发操作风险,尤其涉及房地产企业最高额贷款、抵押权登记和抵押担保效力问题。保障债权与担保权的有效性是房地产企业破产时银行维权应当优先解决的问题。中国银行湖南省分行在某公司破产案件中,只办理了5套房屋抵押登记,地随房走,但土地未办理抵押登记,破产企业债权人有80多家,有效资产只有一宗土地,“僧多肉少”,讼争必然。经过中行与行业协会的共同努力,其抵押权得以有效保护,贷款本金3亿多元全部收回,还收回部分利息,个中甘苦,值得品味。

二是要善于运用破产申请权。在多数情形下,银行在破产企业债权保护中处于被动地位,甚至银行是在企业破产已经立案了才开始研究债权保护问题,缺乏主动性。主动维权是债权保护的根本,在房地产企业破产中同样适用。银行可否在债权明晰、抵押担保相对充足的情形下主动申请企业破产呢?只要不能按时偿还债务,不一定非要等到其他债权人申请破产再仓促应对。当然对仍然有“帮扶转好”价值的房地产企业还是要审慎运用这一手段,不能简单抽贷、断贷或者申请破产。

三是要充分运用异议权。民事诉讼制度中的异议程序对债权人乃至案外人维权提供了法律依据,在破产程序中正确运用新民事诉讼法及其司法解释规定的异议程序,对保护银行债权具有特殊意义。

四是正确行使优先受偿权。破产程序中的优先权研究不是新问题,但是银行必须注意抵债物的估价问题。房地产抵债价值与市场价值的偏离度太大了，银行应当学会对评估报告提出异议并运用专家复核程序。此外，抵债房产可能还包含租赁权的问题，既有房地产企业借贷时提供虚假资料骗贷，也有银行尽职调查不到位，更有执行程序中有法不依的问题。《最高人民法院关于人民法院办理执行异议和复议案件若干问题的规定》(法释〔2015〕10 号)第 31 条规定："承租人请求在租赁期内阻止向受让人移交占有被执行的不动产，在人民法院查封之前已签订合法有效的书面租赁合同并占有使用该不动产的，人民法院应予支持。"该规定并没有解决银行的难题即在贷款后、查封前的出租问题，尤其是以低位租金签订长期合同规避银行行使抵押优先权问题。银行同人还要注意，在房地产企业破产涉及以物抵债时要符合财政部《银行抵债资产管理办法》(财金〔2005〕53 号)相关规定。

五是主动学会行使撤销权。对房地产企业破产申请受理前出现的损害银行合法权益的行为，银行完全可以依据《破产法》、《合同法》有关撤销权的规定依法行使撤销权。例如，对损害银行权益的债权人会议决议，自债权人会议作出决议之日起 15 日内，银行可以请求人民法院裁定撤销该决议，责令债权人会议依法重新作出决议。君不见，某银行在三鹿奶粉破产申请受理前 1 年内因企业发生重大食品安全事件宣布贷款提前到期，结果被破产管理人依据《企业破产法》的规定撤销了偿债行为。当然，银行也需要研究我们的预期违约条款是不是有漏洞、撤销权的行使是否合理等问题。

六是账销案存后的追索权。部分房地产企业僵尸化后，银行依据内部规定对不良贷款进行了核销。核销并非消灭债权，账销案存是最基本的要求。银行不仅要保障时效续接，还要依法追索相关债权，无论是对保证人、出资人、实际控制人、母公司、总集团，只要在债权上能够关联或者有逃废银行债务情形的，都要真正做到"虽久必究"。

七是正确行使表决权。在房地产企业破产案件中，银行常常是最大的债权人或者是主要债权人。银行在债权人会上具有举足轻重的作用，对于债权核查、管理人的费用和报酬、决定继续或者停止债务人的营业、重整计划、和解协议、债务人财产的管理方案、破产财产的变价方案、破产财产的分配方案的表决等直接关乎银行债权利益的事项，银行需要有效行使表决权，对于损害银行权益的应拒绝表决或投反对票。

八是建立银行业债权人联席会议、银行业失信人制度,实现银行业的综合维权。银行业在房地产企业以及其他企业的破产案件中维权的方法和路径确有很多,信仰法治,坚持依法维权是根本。

三、规则如何改进

完善房地产企业破产法律制度是理论界和实务界的共同呼声。从宏观层面上看,推行依法治国方略是改善法治环境的根本。解决目前房地产领域房屋多元化属性和土地所有权问题,对保护银行业债权而言具有特殊意义。而从政府角度来看,改变土地财政的价值取向,建立稳定、健康的房地产政策,则对房地产企业和银行等债权人同样是福音。让市场在资源配置中发挥作用,房地产企业破产本身并非坏事。

从宏观方面来看,最高人民法院应尽快出台物权法司法解释以及与房地产相关的其他司法解释,完善物权预登记行为的效力范围,明晰涉及房地产纠纷的基本法律界限。在房地产行业监管政策制定方面,应该加强部委联动,不能"头疼医头"。更不能"头疼医脚",住建部、央行、银监会应联合出台涉及房地产企业破产中银行债权保护、贷款核销、破产债权保护等方面的指导意见,采取必要措施限制房地产破产管理人以及中介机构收费过高的问题,逐步解决房地产企业税负过重影响银行权益问题,尝试结合实际建立房地产开发项目保险制度。

在微观层面,应该让司法公正的阳光照耀在每一起破产案件中,着力解决个案中出现的违法破产问题,尤其是通过破产程序逃废银行债务问题。

银行还要学会在企业破产中创新行权方式,在房地产企业破产过程中,要善于运用时间换空间的战略,对于某些房地产企业的不良债权可以通过承债方式处置。对于"烂尾楼"项目,银行可以利用丰富的客户资源引入战略投资处置。对于出现问题的一些较大的房地产项目可以采用投贷联动或者不良资产证券化等方式进行风险化解。此外,充分发挥银行在投行领域优势,应该是一个很好的选择。同时,银行要结合供给侧结构性改革,在去房地产库存方面发挥作用,以信贷方式支持消费、支持农民工买房、支持政府购买商品房为公共住房,提供依法合规的融资服务。

行业协会应在房地产破产实务中发挥作用。银行业协会、房地产协会应该强强联合，支持人民法院、银行业金融机构妥善化解房地产破产债权或者不良贷款。行业协会可以充分利用银行业、建筑业的现有大数据库，充分发挥行业协会自律、维权、协调、服务的功能，积极牵头做好相关债权人委员会的组建和运行工作，积极与破产法研究机构合作，向国家有关机构积极反映房地产企业破产中的问题，推动房地产行业破产法律法规的完善，保护银行业、房地产行业的合法权益。

三、破 产 拯 救

秃鹫投资艺术

郑志斌*

Vulture

* 北京大成律师事务所高级合伙人，北京市破产法学会副会长，中国人民大学破产法研究中心副主任。

自然界的秃鹫

“我没有美化秃鹫的意思，相反，我不能对诗人无情地控诉秃鹫保持沉默。他们将秃鹫描绘为阴郁而不详的动物，一种为血肉而饥渴的动物……这本是完全无可争辩的诗歌，但却有失公允，因为其丧失了自然的怜悯。而自然远比任何诗歌都理想化。”

——菲利普·罗宾逊《诗人的鸟》

《亚特兰大月刊》1882年7月

观察力敏锐、耐心等待时机的雄鸟

所有秃鹫都以其锐利的观察力著称，秃鹫往往能在千米高空看清地上一只小虫的活动。敏锐的观察力是其获取食物的前提所在。

由于秃鹫的猎物大多是哺乳动物的尸体，当哺乳动物在平原或草地上休息，聚集在一起时，秃鹫就掌握了这一规律，并特别注意孤零零地躺在地上的动物。一旦发现目标，它便仔细观察对方动静。如果对方纹丝不动，它就继续在空中盘旋察看。秃鹫耐心细致的本性使其观察时间很长，至少要两天左右。在这段时间里，假如动物仍然一动也不动，它就飞得低一点，从近距离察看对方的腹部是否有起伏，眼睛是否在转动。倘若还是一点动静也没有，秃鹫便开始降落到尸体附近，悄无声息地向对方走去。这时，它犹豫不决，既迫不及待想动手，又怕上当受骗遭暗算。它张开嘴巴，伸长脖子，展开双翅随时准备起飞。秃鹫又走近了一些，它发出“咕喔”声，见对方毫无反应，就用嘴啄一下尸体，马上又跳了开去。这时，它再一次察看尸体。如果对方仍然没有动静，秃鹫便放下心来，一下子扑到尸体上狼吞虎咽起来。

有时候，秃鹫飞得很高，未必能发现地面上的动物尸体。其他食尸动物如乌鸦、豺和鬣狗等的活动，就可以为这种猛禽提供目标。如果发现它们正在撕食尸体，秃鹫会降低飞行高度，作进一步侦察。

假如确实发现了食物，它会迅速降落。这时，周围几十千米外的秃鹫也会接踵而来，以每小时100km以上的速度，冲向这美味佳肴。

可见，秃鹫虽然看起来体大粗犷，但是粗中带细、善于观察，敢于发现机会、捕捉机会，这种胆大心细的特质应该是其能历经上千年进化而不被淘汰的重要原因之一吧。

秃鹫投资专栏

"秃鹫拥有……闲散的外表，高效的行为方式，自私的、一丝不苟和危险的外观——典型的职业杀手的外表，但它却是一种从不杀戮的鸟类……造物主应该赋予它一身锈黑色的装束，那样它就没事了。因为它会看起来像是与其职业相符的丧事承办人，然而它现在的样子远远没有体现出它真实的一面。"

——马克·吐温《赤道旅行记：环游世界的旅行》

秃鹫投资的优势

所谓的秃鹫投资，简言之，就是那些买进陷入财务困难或经营有待改善的企业的债务或股权，通过直接或间接对公司施加影响，在改善公司质量后卖出，从中获取高额回报的投资者。

由于自身结构和法律的复杂性，困境证券市场产生了比其他投资领域更大的复杂性。为了找到投资机会，你需要有激光一样的聚焦点来理解每一项投资。如果你不能把自己的想法提炼到可以让小孩子听懂的程度，那么你可能还没有对它们熟悉到能做出正确选择的地步。

你需要有相信自己能力的信心，愿意竞争于市场的意愿，灵活性——以及一点点谦虚。最好的投资人能在占其很小比例的交易中将投资物尽其用，所以你必须愿意去承认你的错误并放弃失去的头寸。①

① George Schultze, Janet Lewis, *The Art of Vulture Investing*: *Adventures in Distressed Securities Management*, John Wiley & Sons, 2006, p. 18.

华尔街上空的秃鹫——美国秃鹫投资的起源与发展

秃鹫投资的起源

在商业中,一个人的灾难就是另一个人的机遇。

秃鹫投资的根源可以追溯到1929年美国的泡沫经济中。随着当时破产企业数量和规模的增长,破产投资也在增加。秃鹫投资者如同凤凰般从大萧条中崛起。在20世纪30年代后期,美国大部分国有铁路公司都处于破产中。投资者意识到铁路很赚钱,但对于它们的违约债券需要做点什么。这一小群在20世纪40年代投资铁路的秃鹫们,在20世纪70年代的秃鹫投资领域成为具有影响力的人物。

破产投资最终开始流行起来,是在20世纪70年代宾夕法尼亚中央(Penn Central)铁路重整案件时。Penn Central是当时最大的破产案件,其发行了大量的债券。一群年轻的秃鹫投资者涌向Penn Central,这些秃鹫投资者成为20世纪80~90年代历史舞台上的主角。

现代秃鹫投资

20世纪80年代,秃鹫投资者的数量大量增长,原因是经济某些产业的萧条,比如能源和钢铁业,并且这些公司都开始意识到1978年破产法的修订鼓励破产企业进行重整。同时,秃鹫投资者数量的增长也驱动了债券价格的上涨。以前被动的秃鹫开始通过积极地影响重整过程来战胜其他秃鹫。秃鹫投资者利用《美国破产法》第11章的程序在公司重整过程中扮演着越来越重要的角色。

1990年是金融界转折的一年,持续8年的繁荣结束,萧条开始,股市低迷,华尔街中的公司收入降至最低点,很多公司宣告破产,其他的则利用一些机会来清偿债务。这时秃鹫投资者出现在历史舞台上,他们是一群相对安静的人,在不引人瞩目的改组和破产过程中,在不良债券和银行债务所形成的非现金市场上,他们静悄悄地活动着。他们消极或积极地投资于那些努力改善经营状况、力求实现收支平衡的困难企业,从中获取高额回报。①

在20世纪90年代末期,秃鹫投资市场已经成熟,秃鹫投资成为了一个更为有效机制。用投资者雪莱·格林斯诺的话说,“困境企业的证券市场已经从乡下赶集变成了真正的大市场”。

现在,困境企业债券的二级市场已经形成,在重整中没有原来债权人存在的现象也更为常见。所谓的“预包装重整”现在非常常见。相应地,企业重获新生的时间也更为迅速。而其中秃鹫投资者获得的收益仍然是很令人艳羡的。

金融危机带来的机遇

2008~2009年的巨大的贷款、抵押和金融衍生品泡沫的破裂有着重大的系统性影响,不仅仅是对于秃鹫投资者。在2008年之前,若有5~10个资产超过10亿美元的大型破产事件,大部分不良债券的投资专家会忙碌一年。但自2008年以后,这类大型破产案件不论是规模还是发生频率都在激增。

在2008年,重要公司的破产数量是前一年的两倍,所涉及的资产价值增加了40%。在2006年,破产公司有66家,申请前资产有220亿美元;2007年,破产公司有78家,资产总额是710亿美元;2008年有138家重要公司破产,申请前资产总额超过11,000亿美元。雷曼兄弟资产总额为6000亿美元,是历史上申请破产的最大的公司,或许永远的改变了我们关于规模标准的概念。在雷曼兄弟之前,资产不到1000亿美元的安然和世界通讯公司都曾是历史纪录。同时,我们仍然在不断看见新的案件,比如,2011年的曼氏金融和2012年年初的戴纳基能源的破产。

随着这些大公司开始出现问题,秃鹫投资者的影响力也逐渐扩展。这些惨剧为富有经验的秃鹫投资者创造了大量机会。但是同时,市场的复杂性和破产数量也同样在增加。在一些案件中,衍生品市场的独特性、利益的冲突甚至政府的介入扰乱了自然的市场秩序,使清理工作比以前需要更多的技巧。

---

① [美]希拉里·罗森伯格著:《秃鹫投资者》,韩方河译,上海财经大学出版社2006年版,第2页。

秃鹫们,他们已经成为影响大公司发展的重要力量,而且在某些案例中他们对企业拥有可观的控制权,他们获得的惊人收益吸引着人们的注意力——他们不仅是精明的投资者,也是一群才高胆大、极具个人魅力的人。

秃鹫生存指南

"秃鹫投资不是一门科学,不是所有的重整都能适用相同的模板。实际上,秃鹫投资是一门艺术,一门需要毅力、创造性思维和运气的艺术。"①

秃鹫投资者在不被市场看好和被市场忽略的地方寻找价值。他们对濒死的企业不感兴趣,而是寻找处于破产中的公司,或者快要破产的公司,或者快要清算但是在投资者的帮助下可以有转机的公司。本质上,秃鹫投资者期望以购买债务,并在重整程序中转为股权的方式为困境企业提供流动性。这些流动性可以使企业继续经营,并最大化其价值。一个成功的秃鹫投资战略得到的回报收益可以高于30%。但是,一个不正确的决策可以使投资者丧失所有投资。最坏的情形可以被形容为"去接住一把下坠的刀子",在投资后,企业跌入死亡的深渊。

作为通常的策略,秃鹫投资者先找到缺少流动性的价值被低估的公司。在秃鹫确定了适当的目标公司后,下一步就是安排投资进程。由于目标公司缺少流动性,并且存在破产的威胁,公司的债券和其他债务会被低价出售,下一步的行动就取决于秃鹫投资者的类型。

秃鹫投资者的类型分为迁徙型和筑巢型。迁徙型是传统的秃鹫投资者,他们不断穿梭在证券中寻找好的交易。投机者和交易商是典型的迁徙型秃鹫投资者。迁徙型秃鹫投资者通常会见证公司的重生,但在公司恢复价值后会迅速抛售获益。与其相反,筑巢型秃鹫投资者会和公司长期在一起,甚至在公司经过重生重获价值以后。筑巢型秃鹫投资者会试图获得整个公司,或者通过获得大部分公司的债务在重整中转为大部分股权。筑巢型秃鹫投资者会自己运营公司或者将其交给新的管理层。

① Rlogsdon, "The Vulture Investors", http://considerchapter13. org/2012/06/16/the-vulture-investors/.

迁徙型秃鹫投资者和筑巢型秃鹫投资者都变得越来越活跃。秃鹫投资者会使用很多具有侵略性的技术使公司重生,并且其在公司中享有大量权益。若公司进入破产程序,秃鹫投资者可以选择是否加入债权人委员会,或者与债权人委员会保持独立性。若秃鹫投资者不加入债权人委员会,则其资产变现能力更强,因为其不会被禁止就其投资进行交易。但是,这种变现有一定成本。若秃鹫投资者加入债权人委员会,则其可得到关于公司重整的内部信息,有更强的掌控重整计划的能力,这是秃鹫投资者很喜爱的。

等待起飞的东方秃鹫——中国秃鹫投资市场的前景

近年来,PE、阳光私募、天使投资等来源于国外的投资方式在中国呈现着快速增长的态势。秃鹫投资的概念对于中国的投资者来说相对陌生,但在中国市场上,萧条的房地产业上空已经开始盘旋着秃鹫的身影,而某些专注于发现 ST 重组股票进行投资的基金的高收益率也吸引了人们的目光。

秃鹫投资能否与天使投资一样在中国比翼双飞呢?

一方面,从经济环境上看,当前,中国经济增长逐渐放缓,在繁荣时期举债过重的企业开始走下坡路。资金链断裂导致了鄂尔多斯烂尾楼、温州老板跑路等现象,市场上弥漫着"缺钱"的呼救声,而简单的资金注入已经无法解决中国困境企业所面临的问题。

另一方面,由于对房地产业的抑制和制造业受到国外订单减少的打击,不良贷款的数量也在增加。根据摩根士丹利估算,中国的银行在 2008 年年底以来的 2 年中,发放的贷款超过 4.1 万亿美元。若计入银行正规放贷渠道以外的信贷流动,那么估算的信贷总量增加到 5.7 万亿美元。未来的中国将有一个繁荣的债务交易市场。

近年来,从进军香港市场的科尔伯格 - 克拉维斯(Kohlberg Kravis Roberts,KKR),到阿波罗管理公司(Apollo Management)和美国金融家威尔伯·罗斯(Wilbur Ross),许多秃鹫投资者似乎正对中国虎视眈眈。

中国市场上的"腐肉"已经开始吸引秃鹫投资者前来大快朵颐。

从中国秃鹫投资的制度保障上看,近年来,中国证券市场正在发生着巨大的变化,制度化建设不断推进,IPO 制度改革,退市制度完成,中小企业股份转让系统设立,市场规范化程度越来越高,机构投资者的比例不断提高,各类投资者迭次出现,市场投资主体的构成日益丰富。

从法律制度上看,秃鹫投资的关键在于法律的确定性,以及能够通过法庭控制企业和它们的资产。2007年中国新《企业破产法》的实施将破产从行政化转向市场化和法制化,对市场上的投资、交易的调整更为公平,极大地提高了债权人的地位,为他们提供各种便利以及债转股交易的机制。优胜劣汰的竞争法则将更有效发挥作用,市场中的利益格局和利益预期也将会随之发生重大变化。有了制度上的保障,秃鹫投资者对中国提供的盛宴已经开始垂涎欲滴。

为了成为一个成功的秃鹫投资人,你必须拥有一种天赋,这种天赋就是对危机公司支柱证券果断出手。这个支柱可以是债券或者贷款——这取决于在你投资时公司处于破产进程的哪个阶段,以及该公司的资本和借贷如何构成。危机公司的债务越多,重整就越有可能会勾销其股票、优先股股票以及次级股票。此时,头等证券即取得新发行的证券中绝大部分的股权就是支柱。

但是精明的投资人不会将他们自己局限于任何一种投资证券中。在公司提交破产申请之前,最好的机会是做股票的空头买卖。

对于秃鹫投资人来说,危机公司为他们提供了很多不同的投资机会,或者是长期的,或者是短期的,通常都会超过1年的期限。如果你等到了最佳的时机,即当恐慌的出售方忽略了最重要的价值时,那么耐心的等待也会最终获得回报。①

---

① George Schultze, Janet Lewis, *The Art of Vulture Investing: Adventures in Distressed Securities Management*, John Wiley & Sons, 2006, p.38.

如果日本也有一个《美国破产法》上的第 11 章重整制度，那么，日本特有的文化将会创造出世界上获利最多的秃鹫投资者。

——美国秃鹫投资者

马丁·惠特曼

中国已经有了类似于《美国破产法》第 11 章的重整制度，中国也有重组资产的思维模式，中国的传统文化，更加注重和谐与利益平衡。中国秃鹫投资人一定会做得更好。

——中国政法大学教授

李曙光

破产重整制度的基本框架及运行机制*

池伟宏**

破产法本身主要是程序法，但在破产法律规范中却规定了很多实体法内容，如撤销权、抵销权、除斥债权等。破产程序的运行具有不可逆性但同时具有不确定性，而法律条文并不能显示破产程序在实践中的变化，所以研究破产法需要丰富的实务经验。破产案件对于法官而言是难度非常大的一类案件。和其他类型案件不一样，破产案件是一种独特的非讼案件。破产案件具有难度大、风险高、周期长的特点，所以法官承办破产案件时可能承担更大的压力。同时，在法院绩效考核体系中，对破产法官的绩效进行考核和评价比较难，这也是破产案件的受理难的重要原因之一。

笔者从法官的角度和各位一起探讨破产程序中最重要的重整程序。为什么说重整程序是最重要的程序？因为我国旧破产法只规定清算程序，但2006年颁布的新破产法借鉴了美国破产法，引进了重整程序。破产程序由三个子程序组成，清算程序是一个死门，所有的企业进入死门最终应当注销；和解是一个消极拯救程序，属于可生可死的生死门，既可以退出程序也可以转入清算程序；而重整程序是一个积极拯救程序，它是一个生门，进入生门的困境企业大多将得到挽救、重生。

---

* 本文根据作者2015年5月12日在中国人民大学破产法前沿第五期讲座的演讲内容整理而成。

** 原深圳市中级人民法院公司清算与破产审判庭审判长，现为北京大成律师事务所高级顾问，中国人民大学破产法研究中心研究员。

一、重整程序的核心因素

在重整程序中最重要的核心因素就是法官。法官在破产程序中担任了一个什么样的角色？可以这么说,破产法官第一个角色就像手术室中的主刀医生。破产程序中如何挽救企业、从哪些地方入手,法官需要指挥非主治医生、护士等团队诊断企业的病情而发现问题、找到入口。法院内部工作人员的分工很多,在这个团队里,法官和法官助理起到最重要的作用。

第二个角色就是管理人。管理人是新破产法引进的一个重要角色。旧破产法只有清算组,清算组只能在清算程序中担任职务。在新破产法规定的破产程序中,管理人全程参与清算、重整、和解三个程序,三个程序中它都是执行者。管理人在法官的监督下履行法律规定的职责,但因为管理人是法院指定的,中国破产法中的管理人在履行职责时会具有准司法色彩,比如,管理人负责债权审查,虽然债权审查结论不是最终结论,但对于债权人的利益具有关键性影响,所以管理人在破产程序中的地位和作用非常重要。管理人一般分为三类:律师事务所、会计师事务所、企业清算事务所。

英美法系的重整制度分两种模式:一种是行政模式;另一种是司法模式。在美国的司法模式中管理人这一角色由律师担任,在英国的行政模式中管理人由注册会计师担任。在中国法律制度中,破产程序属于司法程序,司法程序中的法律问题需要律师解决,因此会计师在管理人队伍中相对处于弱势。在深圳市中级人民法院的管理人名册中大部分会计师事务所已经退出了管理人队伍,未来破产法律事务的复杂性也决定了律师在破产业务中将发挥更大作用。既然破产法赋予管理人如此核心的地位和全面的权利,就需要对管理人工作进行监督。破产法在制度上设置了一个监督体系,由法院、债权人会议、债委会三个主体对管理人进行监督。债权人会议和债委会都是非常设机构,所以最重要的监督主体是法院。

深圳市中级人民法院审理的新纪元实业公司重整案,有很多问题值得总结和讨论。在本案第二个环节指定管理人后,就出现了一个管理人的更换问题。这个案件是 2008 年受理的,但是在两三年之内的时间里案件进展缓慢,没有发现重大财产,虽然有股权投资,下属子公司的财产状况不清。在此情况下,管理人觉得无从下手,以无法完成管理人工作为由向法院申请辞职。对法官而言就是破产程序的一个变化,法官应当如何应对和处理这个变化就是对法官的考验。法官应当做出批准还是不批准管理人辞职?无产可破案件管理人是否无法履行法定职责?依据《企业破产法》第29条的规定,管理人无正当理由不得辞去职务。无财务账册等重要资料而无法推进破产程序是否可以认定为正当理由?我们认为这是不符合破产法规定的,属于无正当理由提出辞职。同时,管理人未依法履行管理人的职责,因此法院作出了一个相当于处罚的决定,就是更换管理人。更换管理人决定体现了法院监督思路,法院对管理人的监督是全方位的,管理人违反勤勉尽责义务时,法院应当更换管理人。

二、重整程序的优势

作为一名律师,需要说服客户企业聘请自己为重整法律顾问,引导企业进入重整程序。客户提出的第一个问题可能就是重整程序在破产程序中有什么优势。如果重整制度优势符合客户需求和特点,客户可能会考虑进入这个程序,否则可能会反对启动重整程序或者考虑启动清算程序、和解程序。所以引导企业进入破产程序时,你需要向客户解释如何选择重整、和解还是清算程序。实践中,中国多数企业家是不了解重整程序有什么法律优势的,甚至不接受"破产"这个概念,原因在于不了解破产制度。因为在破产法条文中的表述是重整,不是破产重整,因此在法律文书中的表述是"重整",而在学术研讨中,习惯于用破产重整、破产和解的表述。

重整程序有很多优点是其他两个程序(破产清算与和解)不具有的。比如,在重整原因上的特别规定,措施上的特殊性规定,还有企业控制权的规定。还有独特的出资人权益调整,只有在重整程序里才允许程序上涉及出资人权益调整,和解程序仅仅是债务和解,没有股权上的和解,所以没有出资人权益调整。重整控制权是重整程序中的核心问题,容后再议。除了自动冻结是破产程序中三个子程序共同措施之外,限制取回权、限制担保权的行使、法院的强制批准都是重整程序独有的特别措施。

司法实践中,法院普遍将破产原因的审查事实上复杂化了,与立法精神相悖。从法律规定来说,《企业破产法》第2条关于破产原因的规定是明确的,不能清偿到期债务且资不抵债是第一种破产原因，不能清偿到期债务且明显丧失清偿能力是第二种破产原因。第2条第2款则规定了特别宽松的重整原因，只要有丧失清偿能力可能的情形就可以认定其具备了重整原因。这意味着重整案件受理的门槛应该比破产清算案件受理门槛要低，但实际上法院对重整案件的审查严格程度要比清算案件还要高。主要原因是受维稳等配套机制不灵的影响，法院被迫提高了受理重整案件门槛，立法和司法、理论和实务产生偏差。法官思维和立法思维不同。

从立法层面来讲更重视方向性、制度性的理想状态，不过多考虑现实操作上的难度，而法官考虑的是重整案件受理后重整成功的效果，重整不成功又是什么效果。特别是重整不成功的后果是破产清算，对于大型企业而言，破产清算需要其他配套制度来解决职工安置问题等难题，重整的可行性问题包括重整价值没有在破产法中体现，但全国法院内部关于破产案件立案方面的规定中几乎都会提出重整案件的可行性审查要求，维稳方面的考虑是其中一个重要因素。

重整程序的特别措施、限制取回权和担保权、出资人权益调整和强制批准重整计划草案这三大武器是重整程序的重要保障措施。特别是强制批准重整计划草案，是破产法赋予法官在法定条件下的自由裁量权，目的是防范可能出现的滥用表决权的情形。实践中的案例确实出现一种极端的情况。当债权已经获得百分之百清偿的情况下，债权人仍然可能会投反对票，反对重整计划草案的通过。为什么会出现这一现象？原因可能是复杂的，其中一种原因是重整程序中债权人认为虽然程序上获得较高清偿比例，但对于没有认定的利息、罚息、滞纳金等因破产程序启动而未列入债权的损失并未获得补偿，这种情况下债权人有可能同样不会支持重整计划草案的通过。

利益博弈最突出的重整案件类型是上市公司重整案。债权人和股东利益在破产程序中应当如何达到利益平衡，绝对优先原则在重整程序中应当如何适用在上市公司重整案中得到充分体现。深圳市中级人民法院2010年受理的“ST深泰重整案”，充分体现了上市公司重整案件中债权人和股东之间的利益博弈问题。这个案件审理过程中发生的变化很值得我们探讨破产法背后的利益博弈。ST深泰重整案是1个母公司带动4个子公司同时进行重整，这个案件不是实质合并重整而是程序合并重整，也就是说，并不否认法人的人格。本案所有债权人的债权通过上市公司的股票抵偿债权。这种清偿模式是一种中国特色的模式。众所周知,上市公司业绩再差,在中国的资本市场上它也是一个壳资源,在重整计划草案中,所有的债权变成了股权,再通过资本市场上二级市场的变现,从而获得清偿。这个案件表面清偿率只有20%左右,但实质清偿率可达100%。重整成功后的上市公司因为成为无负债的上市公司,再注入资产后一般被市场认可为实质利好,股价上涨的概率较大,因此债权人所获得的股票能够在二级市场获得变现,从而使其债权获得较高比例的清偿。

三、重整程序中的程序转换

破产程序的转换破产法中难以把握的一个问题。三个程序如何转换?怎么把握它的时间点?什么情况下转?往哪边转?都是难题。重整和和解都可以转清算,清算也可以转重整和和解,但是重整和和解之间不能转换。程序转换实际上是破产法的一个结构性问题,如果掌握这一结构,就能把握整个破产程序的主要路径。受理破产申请之后,法律允许程序转换,但程序转换是有时间要求的,宣告破产之后按照破产法的规定是不允许转程序的,所以破产宣告是一个非常重要的时间点。值得探讨的是,在破产法架构中,只有清算程序上有终结破产程序。重整程序和和解程序都没有规定终结破产程序,这是不符合司法惯例的。中国破产法借鉴国外立法例,没有考虑司法程序的结案标准问题。在理想状态下,应该是法院裁定批准重整计划和裁定认可和解协议就应该退出司法程序,但实际上在这个阶段这两个程序还不可能退出司法程序,必须要等待重整计划执行完毕或和解协议执行完毕才能确认整个破产程序终结。所以,需要讨论的问题就是在重整计划执行完毕或和解协议执行完毕时是否需要裁定破产程序,以此作为完成破产程序的标准。

有权直接提出破产申请主体有三个,其中清算责任人的申请权问题是在强制清算转破产清算时适用的情形。《企业破产法》第7条第3款规定的清算责任人申请权,赋予强制清算转破产清算的清算组可以代表企业或者以自己的名义提出破产申请。

四、启动重整程序的影响

启动重整程序的影响也是一个重要问题,散见于破产法各个条文。重整虽然是一种积极挽救程序,但是重整失败的后果也是很严重的。对股东利益上的影响主要体现在股东权益可能被剥夺,甚至在程序中就可能失去控制权。丧失控制权对一个准备自救的企业来说、对实际控制企业的股东来说是致命的。第六届破产法论坛讨论过程中有一位律师提到一个问题,他对法院没有批准债务人的自行管理申请表示困惑。如果律师应当告知债务人或者股东有可能丧失对企业的控制权。控制权在破产程序中对股东对债务人都是一个非常重大的问题。债权人在重整程序中的权利和其他两个程序中的权利有什么不同呢? 比如,在上市公司重整案中有些债权人的清偿比例就非常低,而股东的利益由于资本市场溢价,股东利益会得到更多的保护,这种情况下股东利益和债权人利益就会失衡。债权人如何充分利用程序上的异议权以及表决权,保护债权人合法权益,在实务操作里面还是有很多技术性工作可以做。

五、重整程序的控制权——自行管理

重整程序的控制权问题主要体现在自行管理问题上。自行管理在美国的制度又称 DIP(Debtor-in-Possession),可以翻译为"占有中的债务人"。从法官的角度来看,自行管理怎么来审定、怎么来接受申请、如何赋予他自行管理的权力,我们一般是从四个方面来考虑。

一是要考虑公司有没有有完整的治理结构;二是考虑它对债权人的利益有没有损害的可能性;三是考虑自行管理是否有利于重整;四是考察债务人在进入重整程序之前有没有重大不诚信行为。占有中的债务人在我们中国的法律体系里面实际上是管理人监督下的自行管理,债务人并没有完全的控制权和决策权。

在自行管理情况下,债务人有制作重整计划草案的权利。自行管理有利于保证重整中的企业能够正常经营,保证重整企业的重整价值。特别是在再建型重整案件中,如果债务人丧失经营能力,债务人可能就没有挽救的可能性。因此,再建型重整案件法院会赋予债务人自行管理的权利。当然,在司法实践中,相对来说,在自行管理情况下,因为债务人有制作重整计划草案的权利,因此管理人一般会尽可能地配合债务人管理这个公司,以保证重整中的企业能够正常经营,进而保证重整企业的重整价值。特别是在再建型重整案件中,如果丧失经营秩序,这个公司可能就没有挽救的可能性。一般情况下,对于这种再建型重整案件,法院会赋予其自行管理的权利。最近在笔者审理的迅宝投资、迅宝股份和迅宝实业三个关联公司联合重整案中就体现了这个思路。这三个案件是在企业爆发财务危机的情况下申请进入重整程序的,负债率非常高,负债额高达44亿元,而资产只有十几亿元,这显然是资不抵债的,而且所有的资产都抵押给银行了,那么该企业有什么重整价值呢?这个企业的重整价值体现在它是生产环保饭盒的企业,这种饭盒的主要供应对象是肯德基等快餐企业,和国际快餐连锁企业有着良好的合作关系,这些关键客户资源是公司的运营价值。法院受理案件之后就赋予公司自行管理权,以保证其运营、维持生产。高利贷对于企业的伤害确实非常大,是最终导致企业进入破产程序的重要原因,当然,不可否认的是企业主对经营不善负有不可推卸的责任。企业在重整程序的保护下,如果能够恢复运营,保护关键客户的利益,就能够保证运营价值,维护破产财产的完整性。这个案件在出现这么多突发事件的情况下,三个企业仍然能维持正常运营,法院和管理人为此做了大量工作,并付出了巨大努力。只有当企业确实处于无法挽救的情况下,法院才会考虑宣告债务人破产。在这个过程中,法官并不会深度介入各种利益的冲突之中,不需要参与商业谈判,而仅仅是释法明理。法官只有采取公开透明的程序获得债权人的支持,最终重整成功才能取得很好的社会效果。

六、重整计划草案的制订

重整计划草案的制订是重整程序中的核心部分。重整计划草案的制定主体是控制权的体现,自行管理条件下由债务人制订重整计划草案,管理人管理时由管理人制定。整个重整程序从裁定重整之后就进入了重整计划草案的制订阶段,重整计划草案制作的方向主要体现在三个重要内容:一是债权调整和清偿方案;二是出资人权益调整的方案;三是经营方案。第一个问题是为什么可以调整债权呢？因为在重整程序中，多数债务人具备破产原因，资不抵债的状态。所以调整债权的理论依据就是企业已经资不抵债，既然是资不抵债那么债权就应当按比例分配，这是公平清理债权债务的一个基本原则。第二个问题是如何调整？重要依据就是偿债能力分析报告，这一依据体现在《企业破产法》第87条规定中，法院审查重整计划时的要求是，重整程序中普通债权所获得的清偿比例应当高于清算程序中可能获得的清偿比例。但是，在清算程序中可能获得的清偿比例我们怎么来确定呢？法院需要一个确定的依据。这个依据就是偿债能力分析报告，通过中介机构的评估来确定。所以清算程序中清偿比例的测算结论一定程度上决定了在重整程序中的最低偿债比例。比如，重整计划草案规定债权比例应当调整为50%，偿债能力分析报告测算出清算程序的偿债比例最高20%，则重整计划草案的债权调整方案是符合法律规定的。但是，这种测算是不是能够准确测算出清算程序中的清偿比例在实务中争议是非常之大的。无论如何，中介机构作为第三方意见常常成为法院审查重整计划草案是否公平的一个重要依据。

在重整案件中可能不会太注意的一个问题就是担保债权在重整程序中的清偿。担保权在新旧破产法中有不同的规定。在旧破产法中，担保物是别除权，也就是说，担保物不属于债务人财产，而在新破产法中，担保物属于债务人财产，担保权人可以在破产程序中享有优先受偿的权利。这一根本性变化对法院、管理人、重整程序影响都非常大。在实务操作中，多数重整案件的财产不可能没有抵押。在如今融资环境恶劣的情况下，企业通常会将其所有有价值的财产抵押给银行，所以几乎所有债务人财产都是抵押财产，这就意味着如果担保权可以不受限制地行使，重整程序无法进行。

比如，在笔者主审的"讯宝系列重整案"中，重整计划草案将所有普通债权人的债权实行债转股，成立平台公司，再通过平台公司控制管理债务人。重整计划草案的制作根据每一个具体案件的实际情况来设计，对草案的设计充分体现了律师团队的能力，否则不能设计出为各方利益主体所接受的方案。这一方案因未获债权人会议通过，所以债务人制作了第二个重整计划草案，引进老三板公司深中浩进行联合重整，因为老三板企业具有重新上市的资格，其股票具有升值的潜在价值，该方案最终获债权人会议通过。

出资人权益的利益平衡问题体现在两个方面：一是债权的调整；二是出资

人权益的调整。为什么股东会愿意在程序中让渡部分股份呢？因为公司在负债累累的情况下需要减轻包袱,债务豁免才能重新运营公司。债务的豁免是破产法赋予债务人的重要权利,没有债务豁免、没有免责制度的话,所有债务人都不会自愿进入这个程序。债务人出让股份获得的利益就是债务豁免。重组方的选定问题,《企业破产法》中没有规定。重整程序中不仅仅是债务人和债权人的博弈,还有第三方的加入,这就是重组方。谁来引进第三方,在整个破产程序中没有规定。在司法实践中,重组方的选定因为涉及商业利益,在破产案件中属于敏感问题。笔者更加赞同引进"预重整"制度,充分尊重市场行为,鼓励债务人或者股东、债权人在启动重整程序之前事前确定重整投资人,通过庭外重组的方式完成预重整,在预重整失败或者无法确定重组方时再通过公开征集重整投资人等方式选定重组方。

七、重整程序中的表决机制

重整计划的表决的时间要求问题,3个时间安排非常重要,其中第一个时间安排是重整计划草案的提交期限为6个月,可以延期3个月。如果不能按期提交重整计划草案,法院可以裁定宣告债务人破产。当重整计划草案提交表决之后,对于表决和批准的两个时间点,对法院都有期限上的限制,也就意味着法院必须在规定期限内完成整个程序,否则就有违反程序之嫌。

债权人会议分组表决重整计划草案,是重整程序的特色。在破产程序三个程序中,只有重整程序采用分组表决。在实务领域中,除了法律所规定的强制性分组之外,通常还采用任意性分组。为了保障弱势群体的利益,通常会增设小额债权组,保护债权数额较小的债权人利益,一般会给予全额清偿。这种清偿方案设计的总体思路是利益平衡,保证弱势群体在表决权比较弱的情况下能够得到应有保护。在《企业破产法》中,出资人组是很特别的表决。由于破产法没有规定表决机制,原则上参照适用《公司法》关于股东会或者股东大会的表决机制进行表决。在上市公司重整的案件中,出资人权益的调整还涉及中小股东权益保护问题,网络表决机制对小股东的保护很有意义。

八、重整计划的批准

重整计划的批准关键是法院如何审查重整计划问题，其中特别要强调的是《企业破产法》第 87 条的规定，其中最重要的是三项基本原则。一是债权人利益最大化原则，即普通债权获得清偿比例不得低于清算程序下应当获得的清偿比例；二是公平对待原则，即同类债权人应该同等对待；三是绝对优先原则，即顺位在前的权利没有得到全部清偿的情况下顺位在后的权利不得获得满足。

九、重整成功与否的后果

重整成功的法律后果主要体现在三个方面：一是重整企业再生；二是重整计划减免的债务不再清偿；三是补充申报债权可以得到同等条件的清偿。

重整失败其实就只有一个结果——宣告破产。按照法律规定三种情形下应当宣告债务人破产，即未通过重整计划草案、重整计划通过但法院不批准重整计划以及重整计划不执行或者执行不能。

困境企业自救之路的堵与疏

任一民*

陷入财务困境的企业,如何借助破产保护这一法律机制实施救治,何时实施救治,都是值得再三讨论和思考的问题。过往困境企业救治的实践,已经积累了不少鲜活的经验,但总体而言,救治模式相对单一,效果难称显著。特别是近些年随着总体经济形势的下行,非上市公司类的困境企业救治已出现越来越难的现象。如何破局,本文试图做些探索。

一、困境企业自救:绝迹于江湖的传说

自2006年《企业破产法》实施以来,无论是上市公司重整还是非上市公司重整,几乎看不到困境企业(债务人)自我拯救的案例。我们所能见到的困境企业拯救成功的案例,几乎都是如何引进有实力的第三方投资者重组债务人企业。各种论坛、研讨会、学术讲座上,各种案例汇编中,各方"破林人士"就如何拯救困境企业所提交的方案都是引进重整投资者的四大绝招、八大秘策,鲜有人提及困境企业自救并东山再起的方法。我国《企业破产法》起草时可以说是遍采众家之长,借鉴学习了世界各国先进立法经验,尤其对美国破产法上多项避免企业破产的制度大都加以吸收引进。但是美国破产法上确立的

* 浙江京衡律师事务所副主任、合伙人,兼任中国人民大学律师学院兼职教授、中国人民大学破产法研究中心研究员、上海交通大学法学院破产保护法律研究中心副主任、浙江省律师协会企业破产管理专业委员会主任。

债务人自救优先模式,[①]这一有利于困境企业再生的拯救模式,到了中国却几乎绝迹于破产实践。是市场的选择还是另有成因?是源于困境企业救治中的买方市场蓬勃发展,还是困境企业自身欠缺自救积极性?这种单一的实践模式在实现帮助债权人减少损失、避免困境企业倒闭退市的目标上是否能达成最优效果?这些疑问均值得分析讨论。

二、自救之路的堵因

1. 自救的不确定性——动摇了支持的决心

困境企业自救,可用于清偿负债的资产主要包括现实既有的存量资产和未来将有的增量资产。其中的存量资产是困境企业进入破产程序时已经存在的资产,但这些存量资产上大都设置了抵押、质押等权利限制,通常情况下只能清偿担保物权人的债权,而作为主营业务未来盈利的增量资产,才可被用于清偿普通债权,以提升欠缺物特定财产保障的普通债权的清偿率。由于未来盈利的产生往往需要较长周期(通常 6 ~ 8 年才能产生比较多的偿债资金),且盈利是否具有可持续性也存在很大的不确定性,所以相较于引进投资者快速清偿负债、快速锁定结局的确定性而言,主要依赖于未来盈利作为偿债资金来源的债务人自救模式,虽然未来盈利的绝对值可能较大幅度的超过投资者给定的价格,[②]但是较长周期的盈利水平及其实现可能均极可能发生波动,这一不稳定性,将对重整计划所确定的债务清偿方案的执行带来一定影响。金融机构债权人,因受其内部考核机制以及过往经验影响,普遍形成了倾向于追求短期(确定性)利益的习惯性思维模式,如此不确定的安排,确实是会动摇

---

① 依据《美国破产法》第 11 章的规定,进入破产程序后,先行给债务人一段时间(通常是 120 天),让其拿出应对的重整方案,只有在债务人自行拿出的重整方案未获债权人支持后,才可以实施引进投资者等他救模式。

② 投资者引进模式下,未来盈利不确定的风险是由投资者承担的,相当于投资者买断了这一不确定风险,但这样的买断价格势必包含了较高比例的折扣率。而困境企业自救,未来盈利不稳定的风险从表面上看由其股东承担,实际上主要还是由债权人承担,但债权人在承担此风险的同时,往往也会享受更高比例的受偿率。

其支持自救的决心。[①] 对管理人而言,更长周期的重整计划执行期,客观上加重了管理人的监管责任,但报酬待遇却很难与其投入相匹配,因此也会影响管理人推行该种方案的积极性。

2. 认知上的差异——阻却了前行的步伐

在实务操作中,很多人对于困境企业自救在认识上存在不少误区,主要如下:

认知误区1:认为允许困境企业在破产程序中自救,使其享受减免债务的利益,是一种借破产逃废债的行为。这其实是静态比较、单向思维引发的误解。从表面上看,困境企业通过破产保护往往需要减免负债,如最终拯救成功,困境企业得以重生,这些原本应退出的股东不再退出,并可在减免后的债务清偿完成时,继续享受重生企业的盈利和未来成长性,可以说这些困境企业股东在债务减免中可能收益良多。但是,如果与困境企业破产清算彻底退市相比,债务人股东固然受益,债权人其实也是受益者,特别是普通债权人,往往可以获得比破产清算条件下更好的收益,否则普通债权人也不会选择支持自救方案。就此而言,允许企业自救应该会创造多方共赢的局面,但是单向思维模式却阻碍了其客观认识的形成。由于存在这种认识误区的人员范围很广,那些不怎么理性的债权人就会选择反对。

认知误区2:认为法律允许的自救模式就是破产和解,重整必须是引进投资者更换股东。破产和解程序相比较破产重整程序,最大的差异在于其不限制担保物权人在破产程序中继续行使权利。由于需要破产保护的困境企业,其核心资产几乎都已被设定抵押、质押等权利限制,如果可以被相关权利人任意处置,那么困境企业营运价值将无以维持,企业拯救将难以成行。也正是基于此,实务中的和解案例少之又少。笔者有些不理解这样的误会究竟是如何形成的。综观企业破产法重整章与和解章的规定,并无任何条款限制债务人自救。可误解一旦形成,要走出谈何容易。正是对自救模式认知上的误区,几乎关上了自救的大门,使困境企业的自救步伐难以迈开。

---

① 这种思维模式的养成原因很复杂。既可能与金融机构的内部管理制度有关,先前同意放贷的决策人员已经被风控部门人员所替换,新接手的风控部门人员更愿意接受处置资产、回收贷款的常规模式,而不愿去做即使有益但是看上去可能有些风险的创新;也可能与内部考核过于追求短平快的喜好有关。

3. 个人破产法的缺失——削弱了实施的动力

进入破产程序的困境企业的控股股东/实际控制人，通常都会为各类融资提供个人担保。近年来，企业主的家人为这些融资提供连带担保也已是司空见惯的现象。曾有案例，一笔金融债权，保证人居然超过 25 家。企业主整个家族的成年家属几乎都为企业的融资提供了担保。现有法律只是对困境企业提供了破产保护，对于为困境企业担保的实际控制人及其家人，并未提供破产保护。因此，困境企业自救的重整计划即使得到债权人会议的支持，也会碍于实际控制人及其家人的个人担保责任无法豁免而难以实施。这些个人担保，往往数额巨大，可能穷实际控制人及其家人一生都无法还清。对于这些负债累累的自然人而言，个人破产法的缺失使其无从摆脱沉重的债务枷锁。由之带来的绵绵无绝期的出行自由、消费自由的限制，将使企业主及其子女甚至孙子女从此看不到人生的前景……没有希望的人生，何来持续前行的动力?

三、堵与赌：因堵生赌

1. 困境企业的挣扎——悬崖上的赌博人生

个人生病，为减轻痛苦而求医问药是其最明智的选择。企业生病了，自救之路受堵，对于其股东而言，如果送病企去医院（法院）救治，可谓是风萧萧兮易水寒，壮士一去兮不复还。于是讳疾忌医，转而开始悬崖边的博弈：患病初期，自做大夫，头痛医头脚痛医脚，遇现金流拮据，则短期高利融资，病情暂得控制。患病中期，各种症状频发，各种不利消息接踵而至，走向豪赌往往就成为其无奈的选择。为给未来留点念想，再高风险的生意都愿意去做；为缓解当下资金压力，再高成本的融资都敢背。到了病入膏肓之际，剩下的是最后的疯狂，彼时已无睥睨四方的万丈雄心，唯有苟延残喘的煞费苦心。只要能融到资金就行，财务成本再高也在所不惜，因为已不用考虑还本了，过一天算一天，应付一天是一天。也就在这一阶段，各路“高人”开始粉墨登场，指点企业主如何隐姓埋名藏匿财产，如何低价处置转移资产，如何追加担保换取私下回报，如何套取资金摆平强势债权人，如何调度资金频繁往来以遮掩事实真相……疯狂的结果就是企业负债比例的急剧上升，严重资不抵债。当这些病企进入破产程序时，负债规模几倍甚至数十倍于资产的现象已屡见不鲜。

2. 投资者引进——刑场边的生死抉择

当大梦初醒、惊慌失措、捶胸顿足的各路债权人撵着、推着、赶着将病企送进医院(法院)救治,医生(管理人)接管时所看到的病人大都已奄奄一息,再无往日傲啸山林的野心,也无过关斩将的实力。纵然施以止血、输液、进入无菌病房隔离保护等种种手段,也只能是适度缓解一下病情。药到病除的神话只会发生在资本市场上那些拗着"S"形妖娆造型的宠儿身上。[①] 因为有太多渴望着挤进围城的土豪来争抢,再弱的病残之躯都能招蜂引蝶,引来各路"媒婆"明修栈道、暗送秋波。而绝大多数的病企都未曾有如此"辉煌"的经历,也无如此引人遐想的"壳"资源,那就只能坐等不那么豪门的财主的青睐与施舍了。这些买家,有的是原来的竞争对手,看准了时机,不把价格压到最低不愿意进入;有的是刚刚起步的草莽英雄,壮志无限,实力有限,关于收购对价,没有能力一诺千金或当场兑现,却希望借助重整实现杠杆收购,部分现付、部分延期,主要资金还得依赖于再融资;甚至还有提出只解决运营流动资金,号召债权人一起债转股的买家,把"风险共享、利益共担"的投资低风险原则贯彻到底。[②] 如此几轮下来,最终成交价相比较清算价值几无提升,即使有也是极度浓缩型。如此方案,提交债权人会议表决时,看似掌握生杀大权的债权人,在做生死抉择时,面对的也是一场未来并不明朗的赌局。反对之,那就是把病企直接送上刑场,对于普通债权人而言,快意恩仇的代价就是没有未来;赞同之,给其一条生路,却是自断九指收一指。这残留的一指往往要经历一段时间才可能收回,还要面临市场风险、投资者实力不足等各种考验。在病企生与死的选择面前,在自身债权输光和少输的比较面前,债权人们也只好抱着聊胜于无的心情,在诸如"改变自己能改变的事情,接受自己无法改变的事实"的心灵鸡汤抚慰下黯然离场。

---

① 进入重整程序的上市公司都是那些带S或双S的临近退市的公司,大都属于典型的"僵尸企业"。中央政府呼唤"僵尸企业"出清,但最应该出清的"僵尸企业"却始终不得出清,这可谓证券市场改革的最大困扰。

② 此类买家,以债权人或者债权人的关联人为主,一批素不相识的债权人为渡过危机而临时凑流动资金并一起债转股。由于欠缺人合性,后续运营中往往难以真正把困境企业救活,这种债转股失败的案例并不少。

四、恕与疏：由恕而疏

1. 他救之不济——良药非万能

困境企业之所以陷入困境，既有外部环境变化导致全行业亏损的，也有因过度投资受挫而影响主营业务的，还有因自身经营管理不善连年亏损的，更有因近些年频繁爆发的互保链危机而波及中枪的。陷入困境的企业类型繁多，所涉行业跨度极广。其中很多中小企业之所以能在市场立足，倒不是其有多少核心竞争力，而是靠着创始人家族带着一批能吃苦的经营骨干一寸寸打拼下来，由此形成一些局部竞争优势。如果离开了这个创业者，很有可能就会失去原有的客户资源和盈利来源。这些中小企业虽然体量不大，但却是活跃中国经济的重要因子，若任其病倒死去，那是对社会资源的极大浪费。对于这种类型的企业，如果一味考虑引进投资者的他救模式，其实并不是最佳选择，甚至还会引发投资者进入后因为水土不服而重新倒下的危险。据统计，企业并购中因为并购后的整合不当而导致并购失败的案例，占了并购案例中的近三分之一。这些企业，如果采取自救的模式，虽然也存在未来发展的不确定性，但是相比较历经周折的引进投资者，或者不引进投资者直接让企业驾鹤西归的应对方法应该会有更好的效果。因此，站在有利于中小型企业走出困境的立场考虑，确立以他救、自救并行，甚至自救为主、他救为辅的救治方法可以说更为妥当。

2. 公开竞价订婚约——险可控、虑当消

关闭病企自救之门的关键是金融机构决策者的顾虑，担心如此决策未来将有说不清道不明的道德风险，进而又担心企业主滥用这一权利，那么将会大大增加专业从事信贷业务的金融机构的风险。其实风险之控制主要不在于事后救济方式的调整，而在于贷款前的审慎审查、保障措施的到位、贷款发放后的跟进管理以及发生风险时的共同救助。一旦发生风险或者有风险之虞，就为抢资产而不惜杀鸡取卵，这其实是一种既不经济也不负责的做法，更是一种最为低级的风险管理手段。这些所谓的决策风险从技术层面来看，完全是可控的。首先，评价是否可以允许以自救模式实施救治，关键在于是否有利于提升资产价值、减少债权人损失。这可以通过衡量的方法，如与破产清算的整体价值比较进行判断。其次,所谓的定价标准不科学、担心有利益输送之嫌,可以通过公开竞争的方式予以避免,即通过完全市场化的模式检验是否有比困境企业主给定方案更优的方案,如有新的意向投资者介入,还可以在多个方案中进行竞争式评选,以选中使债权人利益最大化的方案。如果还担心决策失灵,甚至可以加上债权人持股的配套方案。如果定价不当,溢价收益可以由债权人与困境企业股东或实际控制人共享。如此,定价不当的风险就可以得到较好控制。最后,困境企业主之所以能够从自救中有所获益,其实是建立在该股东或实际控制人存在新价值贡献的基础上。即其对困境企业资产价值的维持和提升或者说债权人收益的提高作出了贡献,并且这是在进入破产程序以后,主要发生在重整计划或和解协议的执行期间所作出的贡献。正是这些贡献的存在,我们才给予一定激励。因此,决策者的此种安排,并非损害债权利益,而是更好地维护和保全了债权利益。如果只要是自救就不加分析的一概否认,那倒是真正的不负责任,甚至是一种渎职。

3. 恕之道、疏之术——利在当下,功在久远

就个案而言,允许进入破产程序的困境企业实施自救的拯救方式,可以说是为困境企业走出困境重获新生开辟了一条大道。当然,这条解决之道在具体实施过程中会碰到很多问题,无论是方案确定过程中的债权人支持、外界舆论接受还是后续方案实施的不确定性消除,都需要各方利害关系人共同做出努力,都要比引进投资者他救的模式付出更多的辛劳与汗水。但是,如果这样的方案最终有助于债权人真正减少损失,有利于困境企业东山再起,继续为债权人、员工、股东、社会作出有价值的贡献,为何不给它这个机会?我们不妨将选择权交给那些真正在乎自己利益的债权人,对于那些囿于内部考核、审批机制所限而只愿意简单否定或者不愿向总部报批的债权人我们也应给予积极引导,动之以情,晓之以理,只要付出努力,相信坚冰总会有融化的一天。①

让困境企业可以选择自救,有着更为长远的意义。如果困境企业有通过自救走出困境的机会,那么这些获得生的希望的企业股东或实际控制人,就极

① 笔者曾经办理过三起困境企业自救的案例,因个别金融机构债权人的反对,债权人会议分组讨论中无法完全通过方案。后续协调历时近一年,方案才获得金融机构总部的认可,其中艰难不足为外人道。但也说明通过努力还是有可能实现的。

有可能会选择早日将患病企业送入法院救治。病情尚不严重的企业，最终被救活的概率远超病入膏肓的企业，这是显而易见的。由此带来的悬崖上的赌博会少很多，那些被高利蒙蔽了眼睛的民间借贷债权人，也可以实实在在的减少损失。发生在破产临界期前后的那些非法交易、偏颇行为、诈欺行为也会随之减少，因为困境企业主还有生的希望，自不会饮鸩止渴，把自己逼到弹尽粮绝的地步。

充分竞争的商业社会，必然蕴含着竞争的胜利和失败，投入竞争前，谁也不能百分百的保证自己稳赢不输。更何况在鼓励创业、创新的当下，没有大量失败的积累，何以走向成功，技术的进步当如此，企业的发展亦是如此。唯其如此，我们更应容许失败的发生和失败后的重新崛起。让困境企业可以自救，体现了一种宽恕失败的精神，这其实也是法律所倡导的一种务实精神。这种宽恕失败的制度激励，在现行《公司法》层面就有很好的体现——股东只就其认缴出资部分承担有限责任。规范股东投资创业的《公司法》有这样的立法理念，规范市场竞争的阶段性成果或者说终局结果的破产法自应一以贯之。也只有这样，社会的创新机制才能真正落到实处，公司法、破产法最为伟大的制度设计——股东有限责任制度才能真正闪耀其人性光芒。

四、破产审判

中国为何要设置破产案件审判庭*

徐阳光**

破产法为一重要之法律，然学者研究之者，远不如研究民刑之法之夥；良以向者适用较少，兴趣遂减……破产法之研究，较他法为难。盖破产法不独包括民法、商事法、民事诉讼法、强制执行法，抑包括刑事法规及行政法规。换言之，破产法为上述诸法之混合法，错综而研究之，其难有不待言。

——吴传颐《比较破产法》

商务印书馆 2013 年版，第 4 页

中国第一个破产案件审判庭诞生于深圳市中级人民法院。深圳法院的破产审判工作始终走在全国最前沿。当我们总结和学习破产司法的“深圳经验”时，破产庭的设置总是一个重要的内容。2013 年 11 月最高人民法院民二庭和中国人民大学破产法研究中心、北京市破产法学会等单位联合召开了“中国破产法论坛专题研讨会”，集中研讨破产法实施的困境，就破产案件数量不升反降的现象进行反思，其中，设置专业的破产案件审判庭就是当事提出的重要对策之一。而今，《企业破产法》颁布 10 周年之际，随着“僵尸企业”处置工作的推进，破产法受到了前所未有的重视，破产案件审判庭的设置再次成为热点话题。2016 年 5 月 24 日最高人民法院印发《关于依法开展破产案件审理积极稳妥推进破产企业救治和清算工作的通知》(法〔2016〕169 号)，要

* 本文简化版曾以“破产案件审判庭设置的正当性证成”为题发表在《人民法院报》2015 年 5 月 25 日，现收入的是经过修改后的完整版。

** 中国人民大学法学院副教授，中国人民大学破产法研究中心副主任，北京市破产法学会副会长兼秘书长。

求"加快建立专门清算与破产审判庭","各高级人民法院要按照最高人民法院的要求首先在省会城市、副省级城市所在地中级人民法院建立清算与破产审判庭。破产案件数量多的中级人民法院,要积极协商地方编办建立专门审判庭。其他中级人民法院要根据本地实际情况适时开展专门审判庭的建立工作。2016年12月31日前各高级人民法院要将辖区内专门审判庭建立情况报告最高人民法院"。随后,最高人民法院印发《关于在中级人民法院设立清算与破产审判庭的工作方案的通知》(法〔2016〕209号),就在中级人民法院设立清算与破产审判庭工作提出了具体的方案。

设置专业的破产审判庭,需要关注专业法庭设置的法律依据、专业法庭的专业人才配置、破产案件的管辖权规则设定等诸多因素,但其中,破产案件的特殊性当属最为根本的因素,关系破产审判庭设置的必要性与合理性。国外在设置专业化审判组织时,注重从案件特殊性入手,通过案件审理进一步延伸司法职能,并尽可能通过司法审判为行业发展和纠纷解决提供借鉴和引导,美国联邦破产法院就是最好的例证。故笔者力图从破产法及其破产程序的特性出发,探究我国破产案件审判庭构建的正当性问题。

一、破产法的"坩埚"效应

中国的法律体系深受大陆法系的影响,我们习惯于先把法律区分为公法、私法、公私融合法三大法域,在此之下再细分为若干部门法。任何一个法律制度都需要归入其中的某一个类别,否则,法律制度的独立性难以证成,破产法也难以避免落入窠臼。从现有研究成果来看,有学者认为破产法是民事诉讼的特别法,有学者认为破产法是民商法的分支,也有学者认为破产法应归属于经济法的范畴。

破产法的法域属性和部门法界定或许有助于教学工作的方便,在强调部门法划分理论重要性的中国法学体系中具有意义,但这种划分从来就不是绝对的。破产法因其所涉问题的复杂性、调整手段的多元性,其实体和程序内容实际已涵盖民商法、经济法、社会法、诉讼法、行政法、财税法、刑法、国际法等多个部门法,在破产案件的审判工作中,法院内设的商事审判庭与其他业务庭(尤其是执行局)等内设机构之间的沟通、协作,早已充分反映出破产法的复杂性,破产案件的审理也总是会在法院与相关政府部门之间沟通上耗费大量的精力,法官也总是穿梭于物权法、合同法、担保法、公司法、税法、金融法等众多法律制度之中。因此,破产法迫切需要打破传统的部门法边界,以问题为导向,充分吸收诸多法学学科的研究成果,充分调动多个部门法甚至是法学学科之外的研究力量,运用多元化的调整手段来研究和解决立法和司法实践中的问题。

鉴于此,与其说破产法归属于某一个部门法,毋宁认为,破产法是一个跨越诸多法学学科的综合性学科(领域)。正如日本著名法学家松岗义正所言,“破产法在各种法律中实为重要科目,不亚于民法、商法。研究破产法者亦宜与民法、商法同一留意,因不知破产法,则于实际上极不利益故也”。著名诉讼法学者谷口安平先生更是将“涉及公法和私法、实体法和程序法、自由竞争和社会政策等各个方面的破产制度”形象地称为“法律问题的坩埚”。

破产法的“坩埚”效应,折射了破产案件审理的复杂性和对法官专业知识结构强烈需求,也反映了组建破产案件审判庭的必要性与合理性。首先,破产案件法官必须精通相关的部门法。一方面,破产案件本身及其衍生诉讼都要求法官必须懂得相关部门法的知识,否则无法解决类似债权确认之诉、破产撤销权之诉、破产抵销权之诉、取回权之诉等各类纠纷。另一方面,破产法本身的特殊性要求破产案件法官必须具备相关部门法知识,才能深刻理解破产法中的独特规则。其次,破产案件法官必须具备法学学科外的相关知识。如实务专家所言,破产法是开庭与开会的结合、办案与办事的结合、裁判与谈判的结合。破产案件的法官除了解决法律问题之外,还需要进行大量的沟通工作,组织召开各类不同性质的会议,与多方主体进行谈判和协商,更需要管理类似律师、会计师等同样专业的破产管理人。因此,破产案件的法官不仅要储备丰富的法律知识解决实践中的各种疑难法律问题,更需要具备管理学、社会性、心理学、经济学等法学学科以外的知识。

二、破产程序的终极性特征

破产法的“坩埚”效应,直接决定了破产程序的复杂性,但破产程序的特性远不止于此。实际上,从破产法实施的时间来看,破产程序的终极性也是各方利益主体最为关切的方面。

破产程序的启动,意味着与债务人相关的所有债权债务关系的将彻底清理,最终结果是债务人的彻底消灭(破产清算)或涅槃重生(破产重整和破产和解),此即破产程序终极性之关键。破产程序的终极性是与个案诉讼和执行程序比较而言的。个案诉讼和执行程序解决的是个别债权债务关系,一个诉讼的进行或程序的终结,并不意味着债务人主体资格的消灭。在“跑得了和尚跑不了庙”的传统观念影响下,债权人心理上往往不会产生严重的危机感。即便是银行债权人,虽然债务人无法还债造成不良贷款的新增,但只要债务人主体资格继续存在,则不良贷款依然是贷款,不会出现核销的问题。税收债权人也存在类似的心理状态。在一定程度上,这种心理也是造成我国破产法实施不畅的重要原因之一。

虽然在参与分配制度中,由于已知债权人的加入和集体清偿,被不少法院认为是解决债务人财务危机的类破产制度,但实际上,参与分配与破产程序具有本质上的区别。原因在于,参与分配制度不是最终清偿,而只是整体性清偿,债务人主体资格并不消灭,依然对未获清偿的债务承担责任。而且,随着民事诉讼法司法解释的修订,参与分配制度将不再适用于被执行人为企业法人的情形,破产程序的制度价值将更为彰显。

随着破产法理念的日益普及和相关制度障碍的逐步排除,破产法的实施和破产案件的审理将成为市场经济的常态现象,而破产程序的终极性必将触发全体债务人以及相关主体(包括地方政府)的敏感神经。面对这种新常态的到来,一方面,我们需要重新评估破产程序的功能价值,正确看待破产程序对指向债务人的全体债权债务关系整体解决的终极性效应。换言之,一个破产程序的终结产生的社会和经济效益,可能是数十件甚至是数百数千件诉讼案件都无法比拟的,传统的案件数量统计和考核指标需要做出改变。另一方面,我们需要培养专门的审判人才,组建专业化的审判机构,以应对破产程序终极性的需求,让破产程序的制度价值得以实现、实施效果得到保障。现实中,很多人认为破产就是逃废债务的观念,与体现破产司法专业化的破产案件审判庭的缺失是有关系的。因此,组建专门的破产案件审判庭,是消除各方主体对终极性产生担忧的最为根本的制度途径。

三、破产程序的多元性特征

在破产程序中，除债务人和债权人这两个在普通诉讼和执行程序中同样存在的法律关系主体外，还有破产管理人、债权人会议、重整人等主体的深度介入。破产管理人虽然也是从律师事务所、会计师事务所、企业清算事务所等中介机构中产生，虽然关于破产管理人的身份和地位，存在代理说、职务说、破产财团代表说、债务人企业法定代表人说、清算法人机关说及特殊机构说等多种理论观点，但破产管理人不是普通诉讼和执行程序中的代理人却是共识。破产管理人在破产程序中的职权为企业破产法所确定，法院对破产管理人的指定、管理人报酬的确定拥有决定权，对破产管理人的履职行为拥有监督权，这些都是企业破产法的独特内容。此外，债权人会议及债权人委员会、重整人（破产重整程序中的战略投资者）、地方政府（包括但不限于清算组担任管理人的案件中），也是破产程序中非常重要的主体，因为这些主体的出现，形成了破产程序中主体多元性的鲜明特点。

破产程序的主体多元性特征，必然产生利益的多元性。缘于破产程序的终极性，各方主体加入破产程序以在债务人“死亡”前夕获得最后的利益保障。因此，职工债权人、税收债权人、担保债权人、普通债权人、劣后债权人等各方主体利益在破产程序中展开了博弈，破产案件的审理法院需要穿梭于法律与事实之间，在破产法的“坩埚”中寻找各类优先权依据来处理不同债权的清偿顺位问题，更需要协调好与政府、管理人、债权人、投资人等多方主体的关系。形象言之，审理破产案件的法官，不仅需要办案还需要办事，不仅需要开庭还需要开会，不仅需要裁判还需要谈判。

破产程序的多元性体现了破产案件的复杂性，呼唤着专门化、专业化审判机构的出现。从破产法的司法实践来看，很多地方法院不愿意受理破产案件，很多法官不愿意审理破产案件。也正是因为这种多元性，让法官却步于激烈的利益博弈、复杂的规则运用、艰难的多方协调。

最高人民法院审判委员会专职委员杜万华曾指出，近年来，普通民事商事诉讼案件数量激增，法院整体上面临“案多人少”困境。很多法院都将有限的审判力量全部投入普通案件审理中，未建立专门破产审判组织。所以，在破产工作中就形成了“由于没有专门的审判组织,所以法院不愿或不会处理破产案件;由于不处理破产案件,就更不需要专门的破产审判组织”的不良循环。这种局面十分不利于开展处置“僵尸企业”的司法工作,也不利于我国《企业破产法》的常态化实施。“不良循环”反映了我国破产案件受理和审理的司法生态现状。破解这种不良循环,最根本的办法就是从破产法和破产程序的特性出发,论证组建专门化、专业化审判机构的正当性,进而更新观念,改变机制,尽快建立起具有中国特色的破产案件审判庭,并同步推进破产审判法官队伍的建设和考核机制的完善。唯其如此,人民法院才能真正成“生病企业”的医院,困境企业才能真正得到及时、有效的专业诊治。

我们期待着全国范围内的破产案件审判庭的构建。当然,我们也梦想着有朝一日能够看到破产法院的出现。改革总是艰难的,但只要全体“破人”坚持自己的梦想,总会有实现的一天。

解密美国破产法院

魏　凯*

美国是当今世界破产制度最为发达的国家，根据《美国联邦最高法院年终报告》的数据，美国破产案件的数量十分可观，尽管近几年案件数量有所减少，但每年仍有100万件左右。除去占比较大的自然人破产案件，企业破产案件也有7万件左右。相比之下，现阶段我国企业破产案件只有3000件左右，相形见绌。美国每年之所以能承受如此大量的破产案件，其专业化的破产审判机构——破产法院功不可没。“美国专门的破产法院与破产法官制度目前看来是一种最独立、最专业、最有效率的体制和机制。”①正是通过这种成熟的破产审判体制，美国得以应对大量专业性强、复杂程度高的破产案件。具体来说，美国联邦破产法院得以高效运转，从而满足大量专业、复杂的破产审判需求，其“奥秘”主要体现在以下三个方面。

一、任命专职破产法官，专司破产审判工作

破产案件的审判不仅会牵涉多种法律关系如合同关系、担保关系、劳动关系、税收关系等，还会涉及多方不同的利益主体，包括债权人、债务人、投资人、银行、法院、政府、职工、管理人等。破产案件的审判与其他类型案件相比，专业性尤为突出，需要法官拥有扎实的专业基础和良好的沟通能力。因此，要实现破产审判的高质、高效，关键在人。一支专业化、职业化、精英化的破产审判

* 中国人民大学法学院经济法学专业硕士研究生。

① 李曙光：“美国破产法院综述”，载《法制资讯》2013年第10期。

队伍——破产法院,是美国得以应对大量专业破产案件的重要法宝。

美国很早就设置了专门的破产法院,由破产法官专职负责破产案件的审判。出于政治上的考虑,美国的破产法官并没有被赋予《美国联邦宪法》第3条所规定的法官的地位,即不享有终身任职的资格以及工资保护。但由于破产法官在数量、分布、职责、任期、任免等方面的特别规定,美国破产法官的专业性仍获得了很强的制度保障。美国一名破产律师(Wendell Sherk)曾刊文(Here comes the Judge!)指出:"破产法官的审判工作能涵盖到与破产程序有关的各种情形,即使他们在被任命前对破产审判没有经验,但由于其全部工作时间都投入到破产审判上,他们很快便会成为破产审判专家,甚至比专业破产律师水平更高。因为对这些法官来说,审理破产案件是他们每时每刻都在进行的工作。"

《美国法典》第28篇《美国司法权与司法程序法案》(以下简称《法案》)对破产法官的职责、选任、任期、免职、工资等事项均作了较为详细的规定。

1. 破产法官的职责

《法案》第1334条将破产案件的审判权授予了联邦地区法院,而该法案的第157条又将联邦地区法院的破产审判权概括地授予了破产法院。这样,破产法官所审理的案件便全部都是与破产有关的案件。长时间的专门审理,结果就是破产审判的专业性、审判效率、审判质量都能得到很好的保证。

2. 破产法官的选任

依《法案》规定,破产法官应由破产法院所属的联邦地区法院之上级法院(联邦巡回法院)任命。当巡回法院司法委员会(Judicial Council of Circuit)对破产法院法官的人选无法形成多数意见时,巡回法院的主审法官将享有最终决定权。并且,这种任命必须要在充分考虑司法会议对破产法官的数量和区域分布所提出的建议后作出。此外,联邦巡回法院任免破产法官时,必须对候选人的学术背景、工作经历、研究成果、参与过的案例以及兴趣爱好等进行多重考察。这些措施可以保证所任命的破产法官在专业素养、人格修养、法治精神等方面都保持较高水准,从而能顺利应对难度较高、专业性较强的破产审判业务。

3. 破产法官的任期

破产法官系依《美国联邦宪法》第1条所设立之法官,而非依第3条所设立之法官,所以其并不具有终身任职资格。但《法案》规定了较长的任职期限——14 年,且经破产法院所在地区的联邦巡回法院司法委员会的同意,破产法官可继续从事审判业务,直到任期届满 180 日或新的继任者被选出。这一规定的好处在于,若破产法官长期专攻破产审判业务,则其审判水准、审判效率均可以得到保证。

4. 破产法官的免职

依《法案》规定,美国破产法官的免职须满足三个条件:第一,具备特定免任事由。在任期内,破产法官只有在无法胜任职务、违规违纪、渎职、身体缺陷或精神残疾的情况下,才能被免职。第二,决定主体必须合法。只有破产法官所属联邦巡回法院司法委员会之多数法官同意时,方可免除破产法官的职务。第三,免职程序必须合法。在破产法官的职务解除令做出前,当事法官均有权接到一份详细说明免职理由的通知,并且该当事法官享有申诉权。通过严格的免职程序,可以免除破产法官的后顾之忧,令其全身心投入破产审判中。此外,对于可能有无法胜任职务、渎职、违规违纪等情形的破产法官,当法律为其施加免职压力时,也可以反过来促使其提高专业素养与人格修养,这也有利于审判效率与审判质量的提高。

5. 破产法官的工资

在美国,基于政治因素,破产法官不享有依《美国联邦宪法》第 3 条设立的法官的终身任职资格和工资保护的规定,但其薪水依然较高,每年大约 16 万美元左右。较高的工资不仅可以“高薪养廉”,保证破产法官审判的公平合理,还可以防止优秀法官人才的流失。

6. 破产法官的从业限制

美国破产法官应于破产法院全职从事破产审判工作,其不得从事律师执业工作,也不得从事其他与破产法官应迅速、合理、公正断案的要求相违背的其他工作。另外,每一名破产法官就任前都要进行宣誓。通过这一限制性规定,可以促使破产法官全身心投入破产审判之中,加强其使命感、责任感,从而保证破产审判的专业、高效。

7. 破产法官的业务分工

依《法案》规定,除非联邦地区法院对破产业务的分工作出了规定,否则所有拥有一个以上破产法官的破产法院,都需要制定有关破产审判业务分工的规定。美国联邦破产法规定的破产程序包括清算程序、重整程序、个人债务调整程序、个体农场主债务调整程序以及市政府债务的调整程序,每一个程序均有其各自的特点。通过在破产法院内部根据业务进一步分工,可以进一步保证破产审判的专业性、高效性。

二、联邦统一破产立法、依法独立审判破产案件

破产案件审判牵涉的法律关系和利益主体十分广泛,其中不乏许多跨州的破产案件。这其中,各州政府以及各州债权人、债务人、银行、担保人、劳动者的利益都相互交错,从而就要求破产审判必须在全美国范围内实现统一、独立、高效。唯有统一,方能保证在联邦制政体下各州都依照相同的法律、相同的程序处理破产案件,最大程度减小跨地区破产审判的阻力,防止逃废债现象的发生;唯有独立,方能让破产审判独立于行政部门,更好地实现多方利益的平衡和审判的公正;唯有高效,才能快速处理大量的破产案件,使各债权人利益得到保障,使债务人重获新生,在全美国范围内实现资源的优化配置。

美国立法显然充分注意到了破产审判的这一特点,因此《美国联邦宪法》第1条第8款规定,美国国会有权制定联邦统一的破产法。在美国联邦制政体下,这一规定也就意味着美国各州在破产法领域不得行使立法权。实际上,制定一部全国统一的破产法被视为一项必要的法律措施,因为如果各州均有权对破产进行立法,则各州破产立法之间的差异将对跨州的破产案件的审理造成极大阻碍,并且可能在各州之间产生地方保护,损害破产审判的统一性。①

但是,在美国,仅仅实现破产立法的全国统一也并不能保证破产案件的统一、公正审判。这是因为州法院并不一定能很好地履行破产审判的职能。美国各州法院的经费由各州分别拨付,鉴于破产案件与经济秩序、金融秩序、社会秩序的紧密关系,若由州法院承担破产审判的职责,其将不可避免地受到州政府的掣肘。因此《法案》第1334条明确规定,破产案件由联邦法院系统中

① Brian A. Blum, *Bankruptcy and Debtor/Creditor: Example & Explanations*, Wolters Kluwer Law & Business, New York, 2013, p. 110.

的联邦地区法院享有初始管辖权。[①] 与州法院不同,美国联邦法院的财政是由美国国会最终审批的,因此财政上不会受到地方的牵制,从而也就更容易实现审判的统一、独立。

此后,通过《法案》第157条的规定,破产案件的管辖权被赋予给联邦地区法院的重要组成部分——破产法院。这主要是由破产审判的专业性强、难度大、案件数量多、对案件审理的效率要求高等特点所决定的。此外,通过建立专门的破产审判机构,也有利于统一审判标准、提高审判质量,在全国范围内实现破产审判的统一化。

总之,正是由于破产案件审理统一化、独立化的要求,美国剥夺了各州的破产立法权,赋予了国会建立全美统一破产法的权力;与之匹配,美国还剥夺了各州法院审理破产案件的权力,将破产案件的管辖权赋予了独立于州政府的联邦法院系统中的联邦地区法院;而为了实现破产审判的高质、高效,联邦地区法院又将其对破产案件的管辖权概括地授予了破产法院,由破产法院集中优质审判力量,对破产案件展开专门审理。

三、合理配置审判力量,应对破产案件数量变化

与一般民商事案件不同,破产案件的数量与地区的经济发展水平及其经济形势变化密切相关。即使在同一个国度,破产案件的数量也会随着地区的变化、年份的变化而有很大不同,而这种案件数量的变化对破产审判力量的合理配置产生了挑战。

破产案件数量的变化在美国同样十分显著。一方面,在美国内部,不同地区破产案件的数量差异较大。例如,根据最新的数据,同样是2015年加利福尼亚州中区破产法院就受理了46,519件破产案件,而纽约北区的破产法院仅

① 美国法院系统由联邦法院和州法院两个相对独立、自成体系的法院系统组成。他们在管辖权上有交叉,但在组织结构上完全独立。联邦法院的组成人员及其人员配置,由联邦宪法和联邦议会决定;州法院的构建及其人员配置,由各州独立地依据各州的宪法和议会的意见决定。联邦法院的法官,哪怕是联邦最高法院的法官,联邦议会以及美国总统,对于州法院的组建和法官的产生,皆无干涉之权;州政府对联邦法院,则更无染指之可能。参见汤维建著:《美国民事司法制度与民事诉讼程序》,中国法制出版社2001年版,第83页。

受理了6552件破产案件。而在破产案件较少的缅因州,2015年仅受理了1867件破产案件,与加利福尼亚州中区破产法院相差了近25倍之多。另一方面,即使在同一地区之内,不同年份之间的破产案件数量也是有差别的。例如,加利福尼亚州中区破产法院,其2010年的破产案件数量总计达到142,802件之多,而在2015年却只有46,519件案件,相差了3倍。在缅因州破产法院,2010年共计有4205件破产案件被受理,而2015年仅共计有1867件破产案件被受理。

正是由于破产案件数量在不同地区、不同年份间存在较大的差异,导致破产审判力量的合理配置存在一定难度。因此,合理地分配破产审判力量,达到既不冗余亦不缺失,并建立起年度间地区间破产审判力量的临时调配机制,也是美国破产法院制度的一大特色。

1. 破产审判力量的区域分配

《法案》对破产法官的数量分区域做出了极为详细的规定。例如,在破产案件较多的加利福尼亚州,立法将该州领土分为北区、东区、中区、南区,并分别配置了9名、6名、21名、4名破产法官。而在破产案件相对较少的缅因州,则只配置了2名破产法官。针对不同区域,根据其对破产审判力量的不同需要,配置不同数量的破产法官,可以到达区别对待的效果。

2. 破产审判力量的年度反馈

根据《法案》第331条规定,美国最高法院首席法官应每年召集、主持联邦司法会议(Judicial Conference)一次。该会议由各联邦巡回法院首席法官、国际贸易法院首席法官以及来自各联邦巡回法院的一名地区法院法官构成。出席联邦司法会议的地区法院法官人选由联邦巡回法院决定,其应在联邦司法会议中任职3年以上5年以下。联邦司法会议的主要职责在于对美国法院系统运行情况进行综合性调研、任命法官以及决定在需要的地方建立巡回法院或地区法院。联邦司法会议可以根据现实需要向国会提出破产法官总体数量以及如何在区域间配置法官名额的建议,且其在每两年都需要对各个地区是否仍然需要法定数量的破产法官作全面的审查,并将审查结果上报国会。联邦司法会议还需在出现破产法官职位空缺的情况时(因辞职、退休、迁徙、死亡等原因)作出是否需要削减破产法官名额的建议。通过这种反馈机制,可以在破产案件整体数量上升或下降时,及时对破产审判力量做出调整。

3. 破产审判力量的机动配置

依《法案》规定，经联邦司法会议以及有关巡回法院的批准，破产法官可以到相邻或附近的破产法院任职。另外，破产法官还可以被临时调任至其他司法辖区去从事破产审判工作。通过这种机制，可以实现地区间破产审判力量的临时配置，避免破产审判力量的冗余或闲置。

4. 破产法官的返聘

依《法案》规定，对已退休的破产法官，经其同意，可以被巡回法院返聘继续从事破产审判工作。通过这种方式，既可以让优秀的破产审判人才发挥其最大效用，同时也可以在破产审判力量出现短缺时予以适当补充。

综上，美国的破产法院制度，不仅蕴含着专业化、专门化审判的追求，更具有司法秩序统一和审判力量合理调配之要义，即使社会对破产审判的需要不断变化，美国的各个地区也都可拥有足够的破产审判力量，同时也可避免破产审判力量的冗余，保证了破产法院的精干和高效。美国破产法治事业之进步，离不开破产法院的高效运作，而破产法院制度的成功则必须归因于这些精密的制度设计。笔者相信，美国的破产法院制度可以为时下中国破产审判庭之设置提供有益的养分，也期待着中国破产审判的专门化、专业化时代早日到来。

五、“破人”感悟

为什么我对破产一往情深

叶建平*

彼黍离离彼稷苗，我行靡靡我心摇。

安得自在涅槃法，野火春风遍地蒿。

2015 年 10 月 21 日我在中国人民大学法学院作了题为“情怀与梦想——破产理念与实践的展开”的破产法前沿讲座，讲座内容整理发布后，不少师友进行了转发、评论，许多关怀温暖心间，而对于一些善意关切，唯以上述拙诗志谢！

多年思索、实践，让我对破产“这一摊‘破事’”怀上了深深的敬意，竟至一往情深的地步。为什么我对破产一往情深？我想借此机会再作缘由说明，以应师友关心，以解疑者关切，以与同道共勉。

一缘社会发展“破”中行。有市场就有失败，有发展就有风险，竞争的机制、发展的过程就是一个优胜劣汰的规律演示。在社会、市场的长河中航行的船只因各种风险可能出现故障、破损、搁浅、触礁，或者沉没。社会作为一个航道管理者，要作出制度性安排，提示、指引乃至帮助航行者——陷入困境的航行人修复船只、驶出浅滩或者打捞沉船，以及时清理航道，保持航道的正常通行。否则，船破人亡、尸体漂浮、船体沉江、资源浪费、河道拥塞、人心惶惑，问题累积，风险叠加，难免百弊丛生。破产法就是“河道疏导”这样的一种制度安排，发展规律“破”中求，因其基础性价值，所以破产制度被称为“经济宪

* 温州市瓯海区人民法院副院长，香港城市大学法学博士研究生。

法”。在河泥淤积、河道壅塞的情况下,倘若一味地无视现实、回避问题,甚至采取一些掩耳盗铃、缘木求鱼的做法,不断遮掩粉饰,虽有延缓风险暴发的可能,但其影响只能更深更远。河水外溢,只顾垒高堤坝,殊不知垒高堤坝同时已然抬高河道,终将出现“地上悬河”,一旦溃坝,伤亡众多,后果十分可怕。企业经营如此,个人生活如此,社会治理也是如此,社会治理如果出现这种局面,很可能走入危险之境,终将不可收拾。

二缘唯有“破破更健康”。破产制度历史悠久、门类齐全,一些国家的健康发展固然有其特定背景,但不可否认破产制度在提示风险、化解危机、完善机制、推动创新以及社会关怀诸方面所起的作用。通常来讲,1%的企业破产是较为合理的客观存在。我观察发达国家往往高于这样的比率。一般来讲,1宗破产可以化解10笔以上债务,社会效益颇为可观。日本经济停滞20年,英国正在陷入的长期停滞,不少专家分析认为就是“僵尸企业”处理不及时,耗损资源,拖累社会。个人破产也是如此,比如美国,2013年人口为3.1525亿人,此前一年个人破产120多万宗,相当于每万人中有38人破产,这还仅是一年的数量,但这样的破产状态并没有给美国带来毁灭性打击,相反“破破更健康”,放下了包袱的人们吸取教训、东山再起,可以创造更多的价值。当然,还可以激活、促进、完善相关经济社会制度机能。经常有人谈起国外某些地方的人更有创业创新的能力和机会,可以说破产免除失败的后顾之忧也是其中一大原因;经常有人羡慕国外一些地方可以看到更多的人脸上挂着轻松的笑容,可以说与破产让人放下背上的包袱不无关系。

三缘践行破产有疗效。我在一个基层法院分管民、商事审判工作十多年,深知债务与社会关联的机理。特别是最近几年,债务形势日益严峻。例如,2014年银行起诉案件标的额是10年前的790倍。工作中不断面对索债无望的债权人、失联跑路的债务人、维权上访的当事人,曾因一个案件中几位知名企业家走上不归路而感叹,也曾在一些案件中因当事人反复闹访阻碍资产处置陡增损失而不安,更加深切感知唯有力推破产方可真正消解社会风险。最近3年,所在法院每年审理破产案件20余件,均约占全国破产案件总量1%,审理过被称为引发民间借贷风波标杆、时任总理特来调研民企问题的国内行业龙头企业合并重整案,审理过民企500强全国首例特级资质建筑企业重整案,审理过全国最早的光伏企业重整案以及世遗工艺企业重整案等有较大影响的破产案件。本人义不容辞,参与所有重大破产案件的审理,并主审了全市首例重整案,主审了40天结案清偿率50%的破产清算案以及3个月内由破产清算转重整结案的建筑企业重整案。审理破产案件,让我们认识到,虽然每年破产数量尚仅为20件左右,但申报的债权金额与全院5000多件民商事诉讼案件(不包括上诉及后续执行的案件数)的立案标的金额相近(如2014年两者金额分别为67亿元、70亿元),且都超过区域财政总收入(2014年为51亿元)。在有财产担保债权及劳动债权、税款债权基本全面清偿的情况下,普通债权清偿率与全部执行案件的标的到位率相差不大。在破产企业清偿外,仍不妨碍其他共同责任人的补充清偿,更主要的是公平透明的程序、止损化险的机制、关怀挽救的理念、测评督导的功能,平复了社会愤懑,消除了社会疑虑,疗治了社会伤痛,修复了社会病灶,减少了诉讼、执行、信访、维稳的耗费,社会资源及时得到再次利用,当事人及时回归正常社会生活。

四缘亟待"大破"解"大难"。如果参照域外一些国家地区的比率破产,我国现有企业22,579,475个[不包括个体经营企业,资料来源于《中国企业数据报告(2015年第1期)》],人口13.6782亿人(2014年),将有多少债务风险可以因此化解?又不知可以因此激发多少的社会活力?但严峻的现实严重制约了危机转化的机会。一是法律上至今没有确立个人破产的制度。不少人不无忧虑地认为我国没有健全的市场经济制度、法人治理制度、财产登记制度、社会信用制度,不具备立法的条件。殊不知破产制度并非健全的上述条件的产物,英国在1542年就出现了成文的破产法,适用于商人和非商人。我国破产制度起步虽晚,也于110年前颁布了第一部破产法,适用于商人,非商人也可准用。试想100年前,几百年前,何曾有健全的上述制度?破产制度反而在一定程度上成了催生、催熟上述制度的良媒。当前的我国何至于没有制度存在的基础?从破产法原理上看,破产能力分类包括了自然人破产能力、合伙破产能力、法人破产能力、遗产破产能力和外国人破产能力;破产原因分类包含了经营性破产、消费性破产、侵权性破产和犯罪性破产(刑事破产)。国外的现实破产包罗万象,但数量最多的无疑就是个人破产。我国没有任何理由搁置个人破产制度的立法进程。至于杞人之忧的种种问题,完全可以通过制度设计技巧轻易处理。二是我国破产审判工作几十年裹足不前。近30年的破产案件总量区区不到10万件,最近几年更是低至每年2000余件,与我国的经济规模、发展状态极不相称。三是破产文化不彰。没有正确认识,没有支持环境,不但难以推动工作,反而阻碍制度的落实和社会的发展。现状造成的一个直接后果是大量的债务风险变成法院案件。2014 年全国地方法院受理的案件总量已达 1565 万件,结案标的额 2.6 万亿元,审判、执行、信访、维稳工作耗费的个案资源和影响的社会资源不计其数,但效果并不理想。不少案件的债权人因无法改变债务人无力清偿的客观现实空耗心力,债务人因永锁执行链下,既无创造条件,也无创造的价值分享,一辈子行尸走肉,实际上相当于被判不在监狱服刑的无期徒刑。而这样的现状并非个例。本人在 2015 年办理的一个破产案件中发现,先前法院已经判决了该企业数个债务纠纷案件,每案被告人数多达 28 个,可以想象,处于连带债务链中的 28 个被告,谁有财产、谁新获得了财产、谁有创造财产的能力,谁必先被保全、执行,并且还可能承担拒不执行的责任。试想这 28 个被告谁会有创造价值的机会、谁会有创造价值的动力?我们遭遇的上述种种问题,又何尝不是全国的缩影。放眼可知,现实的互保、联保链更加错综复杂,有的更加庞大,有的冰山方露。一些地方的纠纷债务规模已经超过财政总收入的程度,许多社会资源包括人的资源深陷其中,对中国的影响非常巨大。因此,我不懈呼吁,常有时不我待的急迫感,我泱泱大国,绝不能因为破产文化的缺位、破产制度的缺陷、破产工作的缺失而成为病快快大国,2000 万家中国企业、13 亿中国人绝不能因此成为病快快企业、病快快人。

五缘心许破产有三愿。基于以上认识,我常表达最急切的 3 个愿望:一是普及推广破产文化。我希望通过不懈宣传,让人们像对待生活家常一样谈论破产,客观预测破产风险,理性处理破产事宜。特别希望当政者眼睛向下,夜听风雨,到真实的债务世界考察实况,到法院这个特殊的社会信号池了解实情,认识破产也是保护生产力,认识破产也是社会关怀,从而支持破产、改善破产社会环境。二是尽快确立个人破产制度。希望立法者、专家学者、社会活动家、有关职能部门重新审视评估现行破产制度状态,尽快启动个人破产立法。世界上很多国家都已建立个人破产制度,可借鉴之,立法条件、规范技术不成问题。所以基于需求之迫切,希望我国在 3 年之内修改现行《企业破产法》为适用于自然人和法人的"破产法"或者专门制定《个人债务清理与破产法》。三是大力推进破产审判。希望最高司法机关认真分析、深度公开债务纠纷实情以提示社会,区分失信行为和失败状态以正确司法,实现司法关怀。希望大力推动破产审判,使企业破产案件数量 3 年内在现有基础上有 10 倍增长,并迅速开展个人破产工作。我深知破产可以服务社会,我深信破产能够创造价值,我深望破产再造美好未来。故此,我不懈呼吁,不断实践,不舍探索,不弃梦想,更满怀期待,并希望将篇首拙诗末句更直白地写作"顷化僵尸健且娇"。

我为“破人”所做第一件“破事”

——以少变多+群众工作=梦幻效果

徐根才*

从事民事审判到分管执行工作已有年矣,2010年3月分工调整为分管民商事审判,与一件“破事”有关。江山市纺织有限公司资金链断裂,引起职工恐慌,几百人多次围攻江山市市政府,这是前所未有的。江山市市政府工作组进驻半年了,事态没有平息的样子,最后只能“依法处置”了。市委、市政府把这件当时作为“大事、难事、急事”交给了法院。多年的执行专啃“硬骨头”,也干过一些有影响的“大事”,破产程序是共同执行或者说概括执行,机缘巧合,这事于我有份焉,推不了只是迎头上,就这样踏入“破人”的队伍,干起了第一件“破事”。看来为“破人”也是随缘的事情,要遇上“破事”。

既是大姑娘上轿是头一回,也就半学半干半推敲,跌跌撞撞爬山过坎地琢磨着把这“破事”如何干成了“好事”。

“破人”做“破事”本是从事破产法实践之人的自侃,后流行为从事破产工作,包括了破产法官、管理人,以及研究破产法的学者等都自动归集到“破人”中来,所做的也就统称为“破事”。再后来,有好事者热心人建立了“破人与破事”微信群。之后,形势发展多了“破事”,“破人”又有“悬壶济世”之理想,由此事业就搞大了。话说作为破产程序主导者的法院要指导、监督管理人、协同工作组、调动债务人、和谐债权人,有序地推进破产工作。债权人有1300多人,管理人、工作组团队成员近几年也各有30人。这么庞大的队伍也真够喝一壶的了。首先,要处理好的是三者的关系,工作组是代表市委、市政府,管理

* 浙江省江山市人民法院副院长。

人是律师和会计师组成的，来自"五湖四海"，为了"破事"走到一起来。开始时有争执、辩论，有个磨合期是正常的，最终却是相互信任和配合的，共度了1年多焦心劳虑而有充实的时光。因为目标是一致的，完成破产工作，而且要求"破事"了结、结果完满。但谁为"头"还是有争论的，主要是工作组和法院，谁为主，或者直白说，管理人应听谁的？争论不久也就达成共识：法院是破产程序的主导者；管理人是破产事务的具体执行者；政府工作组是破产事件的协调者和风险处置的组织者。内部握紧拳头，出手就准而有力。内部协调后，要解决就外部的问题了。最主要的是职工债权人，大多是纺织女工，也就是第一战斗群体，按她们的说法："我们把青春都奉献在江纺。"有二三十年工龄的姐妹情深，特别有组织、特别能战斗。她们之间的几个电话，能够毁坏我们苦口婆心开个把小时会做她们工作的成果。她们示威的口号是"还我职工集资款，一分不能少我血汗钱！"她们有办法在受理前把政府的大门围住，第一次是中午吃不了饭，第二次是下午下班回不了家吃晚饭，最过分的是回不去睡觉了。第二战斗群体是职工亲属，有职工的配偶、父母、兄弟姐妹等，要求借据写自己的名字。他们的口号是："同是集资款，为何少我们？"其他债权人行动理由是："看来要闹一闹了，不要等着吃亏了。"就这样风起云涌，"破产程序小舟"出没在的波涛汹涌里，操桨人除了需要具备坚定和自信，还需要具备一种使船驶到彼岸的法律技能。

一招定大局。劳动债权人有772名，职工集资债权人有169名。职工的集资款不解决，职工债权人"斗争"不会停止。参照2002年的司法解释，职工集资款可以按第一顺序清偿。职工的定心丸吃了，不闹了。但普通债权人不干了，质问"皮之不存，毛将焉附？"经反复释明该58条还有继续适用的必要性，他们也就慢慢地接受了。这一招，就定了大半壁江山。

二招促分化。满足中小额债权人债权诉求，争取大多数债权人。据管理人统计结合"协调小组"摸查情况，中小额债权人大多是职工的亲属和亲朋，与职工联系密切，加大了维稳难度，也大多是弱势群体。这些债权人的多次闹访的诉求是达不到和职工一样全额清偿，至少清偿率50%要满足。而中小额债权人50万元以下的达到290人，但代表的债权额只有1700万元，补足50%也只在500万元内。棉农的棉花款是农民的辛苦血汗钱，20名代表的补足也在100万元之内。这些弱势群体占了有表决权的债权人的80%。要争取他们,首先得要满足他们要求。但清偿比例是定的,如何以少变多,这批债权人要多分,那批债权人的清偿比例又不能少。满足他们要求的法律依据是什么?有可以参照的司法解释;只要债权人会议通得过,不损害其他债权人的利益就不成问题。也想到了生钱的办法——由破产财产处置过程中缴纳的税收地方留成里返还部分,以及大额法人愿意减让部分分配额,以此增涨数额。只是需要政府的支持和做企业债权人的工作,通过争取和工作组去做工作,最终成功了!普通破产债权的自然人50万元以下的债权按债权数额大小以“分档累进递减”的方式进行清偿,5万元以下的(156人)清偿额达65%,其他的依次递减。管理人把信息放出,结合工作组去工作,我们称为债权人会议前的“放风试水”,测试的结果汇总,中小额债权人普遍满意。“群众路线”的法宝,赢得了绝大多数债权人;10家大额企业债权人爱心奉献的支持也保证了所代表的债权额过半。另外的20%大额普通债权人(77人)属于最后要做工作的对象。

三招顾大局。赢得普通债权人和债权额的“双过半”,法律程序下的意思自治,并不是“多数人的暴政”剥夺少数人的利益。法院指导管理人,确定一个基本的分配原则:自然人是重点、法人保平均、弱势要照顾、企业献爱心。实务操作要体察现实、考虑面上、照顾小额、重点在人,采用“分档累进递减法”。补足棉农的棉花款和提高小额弱势债权人的清偿率的款项来源主要是:一是政府出台措施将江纺公司破产财产变现行为所缴纳的各项税收的地方留成部分返还,用于提高小额自然人债权人及困难群众清偿比例;二是10家法人债权人自愿放弃(有3家全额放弃清偿)部分分配额,并明确将减让款项定向分配给中小自然人债权人。

不管是自然人还是法人,公平清偿按照比例分配为法律所要求,应有的平均清偿率都得到满足。没有让这些(77人)减让分配额,既尊重他们的权利,也保证他们的利益。但这些道理和为什么要这样分配理由,要向“少数人”宣传,虽争取了“大多数人”,但并没放弃“少数人”。我们的工作组并发动与这些少数(77人)债权人所在单位、乡镇(街道)的干部一起做宣传说服工作。达到了“团结能够团结的对象,利用能够利用的一切力量”,不孤立少数的效果。

最后,债权人会议387人参加,反对3票,弃权2票,会议决议通过了分配方案，而且分配结束很平稳。

"破人"茶语曰：破产法开宗就倡导：公平清理债权债务。然公平并不是平均，同等的事情同等对待，不同的事情区别对待。一壶酒一桌人不分酒量地同样满杯喝，虽是平均，但对酒量好和酒量差的都不公正。会出现量好的喝不尽兴，量差的喝倒。但破产财产对债权人来说，却总是人多酒少，关键在于如何"无中生有，以少变多"。管理人这个把壶人的水平就体现在如何把有量的酒，让债权人喝得好，而提不出多大的意见。所以，如何变出更多的酒，则看管理人变价破产财产能力；如何喝得高兴，则看管理人制定分配方案水平。

呷口茶又道，请那么多的人，"破人"是为"破事"请的债权人，请神容易送神难。"破人"要把破产财产的酒过滤好都装到破产财团的壶里，然后倒到每位债权人的杯中，让他喝了不致摔门而去，才是真功夫。这功夫是创新来的，名为"江山市面上纺织有限公司破产清算案件——创新＋公平＝和谐分档累进递减分配方案"。[①] 来者都是客，全凭嘴一张。管理人除了依法履行工作职责外，做好债权人的工作是最重要的。群众路线对于一些债权人人数众多破产案件，是管理人的必须学会的一项基本功。这一法宝不能丢，也丢不得。当然，这方面"破人"需懂得更主要的在于借力，作为信访维稳因素考虑，破产受理法院要积极争取当地党委和政府的关心和支持。还有一句秘诀，破产程序公平清理债权债务是出发点也是归宿，但中国的事情往往和谐破产才能平安到达终点。

---

① 徐根才著：《破产法实践指南》，法律出版社2016年版，第15章。

六、“破人”随笔

破产律师画像考

许胜锋*

作为专注于破产业务的律师,我浸淫"破人"与"破事"圈 15 载,亲眼见证了中国企业破产法律制度和实践的不断完善和发展,也亲身操刀承办了闽发证券、汉唐证券破产清算、*ST 钛白、*ST 科健、*ST 中华、*ST 盛润、福建诺奇等上市公司重整、大连 STX 造船系列公司破产清算等具有全国重大影响力的破产案件。作为破产律师界的一名老兵,试着给中国的破产律师画个素描。

外人看破产律师,常如雾里看花,脉络难辨,使破产律师成为了一个略显神秘的存在。其之为神秘,在于破产业务尚属新兴业务。《企业破产法》实施至今尚不足 9 年,全国每年破产案件数量亦不过 3000 件左右。一些地方几年都不曾受理破产案件。从事破产业务的律师较少,专职从事破产业务的律师团队更是凤毛麟角。在并不遵循"物以稀为贵"原理的律师业务圈内,"少"并不足以使人们对破产律师的神秘性产生窥视之欲望,"奇"字是破产律师身上的另一个标签。他们似乎是这样一群人:他们不需要顾问单位,他们似乎也无须刻意维护与客户的关系,因为无论"死"或"死而复生",每个公司通常也只能经历一次;他们来无影去无踪,办公室经常见不到他们的身影;他们似乎权力很大,有时好像分不清他们到底是律师、企业家还是法官。总而言之,他们似乎与一般的律师存在不同。然而因为破产业务的独特性,使非破产律师虽欲言却又难言此种差异,因为"少"而"奇",使破产律师成为一种印象派作品的存在,朦胧而又带一丝仙气。

* 北京市中伦(深圳)律师事务所合伙人,破产重组业务负责人,深圳市破产学会副会长,中国人民大学破产法研究中心研究员。

无论是调侃还是诚意,一个“仙”字大体代表了外界对破产律师的初步印象。以笔者观之,责、兼、漂、明四字大体可以勾勒出破产律师之画像。

所谓“责”,取其“职责”、“责任”之意。若论破产律师之“责”,则必先论破产业务之“重”。破产业务虽是律师业务中的一个小众化的分支,但确实是一个极具分量的存在。破产法律体系是市场经济的重要标志,欧盟在决定是否给予中国市场经济地位时,其所衡量的五个标准中,其中之一即企业有破产法及财产法可循,保证企业在法律上的确定性和经营上的稳定性。就中国实践而言,轰轰烈烈的证券公司破产清算案、此起彼伏的上市公司重整案,以及不断涌现的非上市公司破产案,其债权人少则几十人,多则上万人,资产规模可以高至几十近百亿元。重大企业的破产案,常常会对区域和局部性的经济和金融生态造成影响。无论是单个案件还是此一类型案件的影响力,都很难有其他律师业务与破产业务相比肩。因此,若描绘破产业务在律师业务中之地位,可以说虽寥寥数笔,但笔法遒劲,力透纸背。

律师在破产业务中的角色,大体可以分为法律顾问和管理人两类。其中法律顾问的服务对象有多种,可以是债权人、债务人、股东,也可以是重组方甚至是管理人,债务人和管理人的法律顾问,通常承担管理人的部分职责。就管理人而言,管理人作为破产程序的具体推动者和实施者,破产法赋予其较广泛职责,诸如接管债务人、审查债权、管理、处置、分配破产财产等实体性权利,以及提议召开债权人会议、申请法院出具相关法律文书等程序性权利。整体而言,管理人的职责是破产法赋予并明确限定的,但破产业务作为一项综合性业务,管理人仍然具有一定的自主性和能动性空间。比如,在债权审查过程中,管理人审查的依据是各类部门法,且为规避执业风险,以较为保守的标准进行审查对管理人而言为上策。但是法律适用的过程就是解释法律的过程,在审查债权过程中,管理人免不了以其知识和经验背景对法律进行解释。而且,对于法无明文规定的问题,管理人亦可根据司法精神和原则设置明确的规则,以使在本案中同等问题能够得到同等对待。从此角度而言,管理人通常被认为行使了准司法权,也使其具有了法官的色彩。

债权审查过程中管理人的职权仅为其表征之一。破产程序系一个利益相互博弈的程序,既为博弈,其间必然缠绕着复杂的沟通、协调与谈判等无法以法律进行精确衡量的工作。诸如在上市公司重整案中,股东的股份如何让渡、让渡的比例和数量、大股东和中小股东是否区分对待、重组方与股东之间利益如何平衡、普通债权人的清偿率、大额债权人和小额债权人是否区分对待等，均是各方相互博弈的结果。而管理人作为重整计划草案的起草者以及博弈程序的推动者和深入参与者，其在上述问题上必然承担了较大职责。虽然在此过程中，管理人系厨师而非魔术师，只能有什么原料做什么菜，但是火候、调料却通常是管理人决定的。管理人的每一个决定或建议，以货币表现出来时，其绝对金额都有可能较大。比如，在上市公司重整案中，大股东是让渡 40% 还是 50% 的股份，在整件案件中不属于关键性问题，但是 10% 的差额则可能代表着几千万元甚至是几亿元的差距。

破产业务作为法律性事务和非法律性事务的结合体，管理人在非法律性事务方面的职责亦是明显的，诸如是否请求债务人继续营业、如何聘任经营管理团队并实施监督管理、如何决定留守人员等，非法律性事务方面的职责使管理人多少具有了企业经营者的色彩。

整体而言，管理人在破产程序中的职责，是依法确定、广泛且有有限自由度的，其职责的性质不仅是服务性的，更多是主导性和决策性的，由此使"责"成为破产律师最为重要的标签，也是破产律师与非破产律师最为关键性的差异。当然，破产法在赋予管理人广泛的职责时，也制定了相关的监督、救济和制衡机制。例如，法院指导管理人工作；债权人会议和债权人委员会有权监督管理人工作；债权人对管理人制定的债权表有审查权和异议权；管理人制定的重整计划草案、财产变价方案、财产分配方案等需要债权人会议表决通过；等等。不过对于专业的破产律师而言，其根据破产案件的具体情况并结合自身经验所作出的决策性建议和意见，往往能够被法院或债权人采纳。在现今破产界，偶有声音认为管理人的权限过大，此种情况的合理性暂且不论，但此种声音亦确实在一定程度上道出了破产律师职责之现状。

职责和责任作为硬币的两面，管理人在履行广泛职责的同时，也承担着很大的责任和风险。破产律师在重大破产业务上的收入虽然与其他律师业务相比更为可观，暂不论破产业务投入的人力多、历时长，收费周期也长，考虑到破产案件的资产负债规模动辄几亿元、几十亿元甚至上百亿元，一旦因未勤勉尽职而发生损害赔偿事故，则其赔偿责任很有可能是破产律师所不能承受之重。近两年，管理人被起诉要求承担赔偿责任的案件偶有发生。因此，破产律师在履行职责过程中,仍应当坚持战战兢兢、如履薄冰之心态,对于依法处理之事项,切不可逾越雷池半步,对于协商谈判之事项,则应当做到信息公开、充分报告、平等协商,不擅断、不专断。对于部分破产业务,也可以借助新形势下的技术手段等,以推动其更加公开公平地进行。比如,上市公司重整案,在对出资人权益调整事项进行表决时,前期的案件多数采用现场表决的方式,为了保障广大股东的表决权,后期则多数采用网络与现场表决相结合的方式。又如破产财产的拍卖,通常采取选定拍卖机构进行拍卖的方式,但是此种方式弊端较多,易受诟病。随着网络司法拍卖的兴起,已有部分案件采取此种无佣金、受众广、程序公正的拍卖方式。例如,温州法院出台了《关于通过网络司法拍卖平台处置企业破产财产的会议纪要》,将网络司法拍卖作为处置破产财产的优先适用方式。笔者在承办河南奥博纸业破产案件过程中,亦采用了网络司法拍卖的方式,成为河南破产案件之第一例。

所谓“兼”,取其“兼容并蓄”之意。若将破产律师比作画师,则其不仅应擅长人物画,还应知晓山水画、花鸟画甚至国外之油画、印象画也应有所涉猎。虽然破产法律体系并不繁杂,《企业破产法》加之司法解释、会议纪要、批复等,亦不过十几部,但是若不历经一定年头的破产实务的锤炼,很难在破产业务中达到游刃有余的水平。破产业务作为一项专业性较强的律师业务,其专业性固然体现在对破产法及破产程序整体把握水平上,但与此同时,对其他部门法及非法律性事务的熟悉掌握亦是破产律师不可或缺的技能。

破产法作为一部程序性较强的部门法,其对实体性事项的处理往往还有赖于其他部门法。例如,合同履行状况、违约责任的认定等,需以合同法为依据,劳动关系、担保关系则以劳动法、担保法为依据,破产衍生诉讼的推进则以民事诉讼法为依据。破产案件甚至还涉及一定的刑事专业知识如刑民交叉案件的处理、抽逃出资罪、隐匿、销毁会计凭证罪等罪名的认定等。另外,适用破产程序的主体多种多样,其多样性的背后往往代表着法律适用的多样性,并进而对破产律师提出了兼容并蓄的要求。例如,证券公司破产案、上市公司重整要求破产律师应当具有相应的证券专业知识;船舶公司、航空公司破产案则要求应当知晓船舶法、民用航空法相关专业知识。总而言之,现阶段破产案件虽数量有限,但理论上破产业务却可无处不在,实践的丰富性大大拓展了破产业务在法律适用方面的内涵和外延,一个如武林高手般的破产律师,必然是兼容并蓄、采百家之长的。

熟练操作非法律性事务则是对破产律师的另一项要求。破产程序是一个利益相互博弈的程序。同时债权人通常都要遭受或多或少的损失,也使得破产程序成为一个矛盾集中爆发的程序。因此,进行沟通、协调、谈判、说服、平衡,便成为了破产律师的重要工作事项和基本功。协调得当,则一些隐患可消弭于无形;协调失当,则小可引发债权人之不满及不配合,大可导致群体性维稳事件的发生。除了与债权人协调外,与股东协调、与法院协调、与重组方协调、与政府协调等亦是破产工作的重要内容,协调工作贯穿于破产程序始终。然而此项功夫不可意会,亦难言传,非不经实践之历练而不能达。此外,如何维持破产中企业的生产经营活动,如何开展审计和评估等工作,甚至于如何制作管理人文件、如何归档等,亦考验着破产律师的执业水准。至于跳出管理人职责之范畴,开始为破产案件提供上下游的配套服务,则又属另一境界了。

所谓"漂",取其"漂泊"之意。古语之读万卷书,行万里路,在破产律师身上真正贴切不过了。破产业务固然有其属地性,管理人一般情况下也只能从本地管理人名册中选出,但是对于规模和影响较大、案情复杂的破产案件,囿于管理人队伍整体水平尚有待提升,外地破产律师往往可以通过担任法律顾问、被吸收进政府主导的清算组并被指定为管理人等方式参与其中。就笔者而言,承办或参与的破产业务倒有一半系在外地。于是,不是在出差,便是在出差的路上,便成为一部分破产律师的真实写照,航空公司会员卡累积成金卡、白金卡,倒成为了这一工作状态的佐证和副产品。

频繁出差尚难尽"漂泊"之意,独在异乡为异客则道尽"漂泊"之苦。破产业务与其他律师业务的一大区别,在于其周期长,而且通常必须以团队形式常驻现场办公。对于一般的破产案件而言,持续一两年已成为惯常现象,复杂的破产清算类案件持续周期则更长。例如,笔者承办的"闽发证券破产"案,自2008年启动,至2012年终结,跨度多达4年,其间常驻现场的律师多达数十人。截至目前,现场仍有留守律师处理收尾工作。长期居于外地,且从一项目跟至另一项目,从此处漂至彼处,虽可于闲暇之余尽览江山胜景,但错把杭州当汴州,且与家人聚少离多,甚至年轻律师婚姻大事亦受影响,破产律师之甜苦,不足一一道也。

所谓"明",取其"光明"之意,既谓之破产业务前途之光明,亦谓之破产律师前途之光明。破产业务尚属新兴业务,社会对其认识尚不够全面和透彻,以至于在某些案件中,地方政府对“破产”二字颇有忌讳,而要求以“重组”等“光明”词汇替代之。就实践来看,全国每年受理的破产案件亦不过在3000件左右,远远低于每年以非正常方式退出市场的企业数量。破产界亦较早注意到了此问题,并集中探讨和研究了该问题。就目前情况来看,趋势和前景还是足以乐观的。破产业务的破局取决于两个主体:一个为法院;另一个为企业。破产程序作为矛盾集中爆发的程序,法院通常因畏难情绪而不愿受理,再加上合理的绩效考核机制的缺位,使得受理难成为了一个关键性问题。最高人民法院切中肯綮,破产法第一部司法解释即意在解决受理难问题,相关的绩效考核机制也在不断试点和完善。就目前情况来看,随着破产审判经验的不断积累、破产专业队伍的不断成长和壮大,地方法院对破产案件已表现出了较高的宽容和理解,部分法院的矛盾,已经转变成了不断增长的破产案件与破产专业审判人员不足之间的矛盾。

就企业而言,企业对破产的认知和接受度也在不断提高。中国的破产实践,大体经历了证券公司破产清算案、上市公司重整案、非上市公司破产案三个阶段。《企业破产法》实施伊始,30余家证券公司陆续进入破产清算程序,其背景在于前期行政部门实施的证券公司综合治理工作,通过破产程序使已被关闭的证券公司依法退出市场,其属顺势而为。上市公司重整案则多数具有地方政府为推手的背景,此一特征在前期的案例中更为明显。政府干预微观领域并不属于市场经济之常态,因此,上市公司重整案亦难充分体现企业适用破产程序之自主性。近两年来,证券公司破产案已陆续终结,上市公司重整案亦在逐年下降,非上市公司破产案逐渐成为主流。近些年涌现出一大批具有重大影响力的非上市公司破产案如STX(大连)造船、无锡尚德、江西赛维、山西联盛、海鑫钢铁等破产案。虽然对于重大的破产案件,地方政府仍可能或隐或现于其中,但整体而言,非上市公司多属民营企业,地方政府对非上市公司的干预意愿较低,股东及经营者对企业的掌控程度更高。非上市公司破产案成为主流,彰显了市场主体对破产认知程度的提升。

破产制度与市场经济一脉相承,完善的市场经济,必然有完善的优胜劣汰机制,完善的优胜劣汰机制,必然有完善的企业退出和再生机制。近期中央政府实施的供给侧改革,强力推动的淘汰落后产生、清理“僵尸企业”的工作,正是顺应市场经济之需要。在此过程中,破产必将占有一席之地,成为有利的破局工具。沉舟侧畔千帆过,病树前头万木春。作为契合市场经济本质的业务,在市场经济不断发展和完善的过程中,破产业务将大有前途,破产律师亦将大有作为。

中小型民营企业破产的原因

徐雅婷*

风疾波兴,木茂鸟集。每一个破产案件办到最后,我们都不禁要问一个问题,这家企业究竟是因为什么原因才会陷入破产境地。托尔斯泰说,"幸福的家庭都是相似的,不幸的家庭各有各的不幸",企业经营也是如此。虽然有时破产原因成谜,终成悬案,但多数情况下,还是有规律可循的。本文将从浙江地区经办破产案件的经验出发,试着总结一些中小型民营企业破产的原因。

一、抱团取暖,反引火烧身——互保联保引发危机

浙江地区"区域经济"、"块状经济"特征明显,比如,义务的小商品、嘉善的木材、海宁的皮革、浦江的五金、绍兴的轻纺、织里的童装、长兴的电池等。民营经济活跃的浙江,其经济也被业界称为"小狗经济"。为了解决中小、小微企业的融资难问题,2008 年国际金融危机后,联保、互保贷款广为运用,曾一度被许多地方政府津津乐道为解决小微企业融资难问题的有益经验。然而,联保、互保之下,企业的负债率普遍偏高,财务成本高企,企业生存如履薄冰。只要互保链中的某一企业倒下,"小狗经济"形式下的担保企业便可能因承担担保责任而超出负荷、难以为继,并且可能会引发连环破产。对于互保、联保,曾有人形象地称其为"五个锅盖十口锅,按下葫芦浮起瓢"。而在浙江,上百亿元规模的企业互保圈并不在少数。一旦互保链中的某一企业出现债务

---

* 京衡律师事务所律师。

风险，往往牵一发而动全身，担保链风险如多米诺骨牌般层层向外传递，如"火烧赤壁"，难以破解。在我们接触的破产企业中，就有不少企业本身的主业经营并未出现问题，而是单纯受互保单位所累、承担担保责任后导致自身流动资金枯竭、诉累缠身，最终财务恶化、无力经营，陷入破产境地，甚为可惜。

二、饮鸩止渴，反越陷越深——高利拆借引发危机

浙江地区民间融资市场繁荣，笔者所在破产团队经办的破产案件中90%以上都有民间借款债权人的身影，其中不乏民间高利借贷的踪迹。企业向民间拆借，有的是为了员工福利，有的是为了利益让渡，有的是为了银行转贷，有的是为了生产经营临时周转，也有的是为了扩大产能追加投资，等等，原因不一而足。拆借利息低至正常的月息1分，高至令人瞠目结舌的月息1角有余，利息差异较大。一般来说，利息越高，企业的财务状况越恶劣，风险越大。民间借贷，尤其是民间高利借贷，会迅速增加企业财务成本，吞噬企业利润，逼迫企业拆东墙补西墙，使企业经营陷入恶性循环之中。虽然明知拆借民间高利贷是一种竭泽而渔的做法，但是面对资金困境时，大多数企业都会本能地抓住这最后一根救命稻草，"今朝有酒今朝醉，明日愁来明日愁"。然而，一旦沾染上高利借贷，便向水蛭一样再也无法摆脱，直到把企业的生命力吸干。

三、步子太大，反被扯着了——过度投资引发危机

多元化经营，建立更多的支柱产业，在一定程度上可以有效分散企业经营风险，避免单一、专业化经营因市场行情变化而危及企业的生存和发展。然而，俗话说"隔行如隔山"，由于对新投资领域不熟悉，在这种情况下，企业所有者和管理层所作的投资决策难以都是明智的。失误的决策不仅会使新投资的产业难以建立起来，反而为原有的支柱产业增加了许多负担。杭州人对中都百货应该不陌生。这家公司隶属中都集团，旗下产业涉及房产、百货、酒店、金融、园林、物业等，公司业务遍布浙江、安徽、江西、河南等多个省份。如此规模庞大、产业丰富的企业，却在2014年走向覆灭。除此之外，中江集团、中汉卓信等原杭州地区的知名企业，无不是因过度投资、资金链断裂而爆发债务危

机的典型。我们总结下来,最容易出现问题的对外投资有:第一,短融长投,新资金不断沉淀短时却无效益产生,遭遇银行断贷、抽贷和压贷时更是雪上加霜;第二,跨区域投资,遭遇不诚信的合作方,所谓"强龙压不过地头蛇",项目整体失控;第三,新领域经验缺乏,最常见的也是最容易出现的是跨界投资房产项目,开发周期超预期、开发成本超预期、政府主管部门对接不畅、市场行情波动、股东内部矛盾等都可能导致项目的失败。

四、行情变化,遭遇滑铁卢——宏观情势变化引发危机

宏观情势变化主要体现在市场行情波动、国家政策变化两个层面。关于市场行情变化,最典型的莫过于钢铁制造业等大宗物品生产制造企业,以及与此相关联的航运业。以波罗的海干散货运价指数(Baltic Dry Index,BDI)为例,该指数已从从2008年最高点近12000点一度跌至2016年2月10日的290点。在需求不振、运力过剩等因素的作用下,航运业已在寒冬中走了7年。东方重工、明德重工、熔盛重工、舜天船舶、庄吉船业、STX大连集团等著名民营船企纷纷破产重组或出售造船业务。关于国家政策变化,往大了说最典型的莫过于国家对房地产市场的调控,往近了说,2015年的中央经济工作会议提出,"要依法为实施市场化破产程序创造条件",一时处置"僵尸企业"问题成为焦点。而无论是市场行情还是国家政策的变化,其根本目的都是调整产业结构,促进经济转型升级,在这个过程中企业势必会面临优胜劣汰的考验。

五、靠山吃山,被寄生虫蛀空——管理失控引发危机

破产案件的办理,使我们有机会直接参与企业的日常经营管理,尤其是重整案件。管理人就像企业的临时CEO,决策着企业大大小小的经营事务,小到食堂的饭菜经费、用餐卫生,员工的生育政策,大到客户的购销谈判、供应商的采购铺货、重整期间的融资,事无巨细。这也使人深切地感受到企业就像一个缩小的社会,人际复杂,利来利往。如果管理不善,采购、生产、销售每一个经营环节都有可能存在"硕鼠",以牺牲企业利益为代价谋求一己私利。这种

现象在家族经营、任人唯亲的企业中尤为突出。杜绝“硕鼠”现象，需要从管理制度入手，提高管理艺术，善用巧用人才，同时企业内部也应当形成适度的互相监管制衡，减小权力“寻租”的空间。

六、风云变幻，惜企业猝死——突发事件引发危机

“天有不测风云，人有旦夕祸福”，同样地，企业经营也可能突逢变故，一蹶不振。一场大火、一场大水甚至是一次无心之失，都可能使多年苦心经营毁于一旦。这些意外看似离我们很遥远，发生的概率极低，但是这几年实际接触的企业中，曾有过一场大火使一切生产资料化为灰烬的，曾有过一场大水使所有的生产设备浸润水中再无法恢复使用的，也有过一直正常合作的交易伙伴突然拒付海外的一笔大额订单，诉讼 3 年未果的……这些企业最终都走向了破产。还有一类，便是突发危机后未能及时有效处理，导致企业破产倒闭，如知名的三株、秦池等企业，所谓“千里之堤，溃于蚁穴”。而突发危机的预防和避免重在平时，需要结合到日常的管理体系中去，完善漏洞，减少隐患，预防为主。

虽然本文试着对企业破产的原因进行总结，但是这样的总结，永远是不够周全的，比如对外账款的催收不利、坏账过多，甚至是实际经营负责人赌博输钱等导致企业破产的原因，尚未能一一阐述。虽无法面面俱到，然而这样的总结也是有益的，研究别人如何失败，从别人的失败中吸取经验教训才能少走弯路。

七、“破事”访谈

王欣新教授答问美国大使专家

2016年4月26日下午，中国人民大学破产法研究中心主任、北京市破产法学会会长王欣新教授应美国驻华大使馆经济处约请，在中国人民大学法学院会见了大使馆经济处的拉维·F.巴克(Ravi F. Buck)先生及鲁镇先生，双方就中美破产法问题进行了交流。王欣新教授在本次会见活动中就Ravi F. Buck先生及鲁镇先生对中国破产法所提出的相关问题做了详细的解答。以下为访谈的主要内容。

Ravi F. Buck：王教授，您好！是否可以请您介绍一下中国破产法的产生历史？中国破产法最初在立法时是以哪个国家的破产法作为参考的？

王欣新：迄今为止，中国制定出台的破产法有两部。第一部是1986年12月出台的《企业破产法》(试行)。这部法律仅适用于国有企业，受到当时经济体制改革状况的局限，在立法方面存在许多不足，条文数量也很少，只有40多条。这部法在立法过程中主要是考虑如何解决国有企业的体制改革等问题，缺乏对外国破产立法经验的充分借鉴。在立法出台后的一段期间内，因为社会保障等各方面的配套制度不够完善，这部法律的实施程度也不高。全国法院每年也就大致受理几十件到100多件破产案件。1994年后国务院接连出台了关于国有企业政策性破产的两个通知以及配套行政规章。这两个通知对职工债权的清偿、职工失业的救济安置以及其他配套的社会制度作出了一些特别规定。此后，政策性破产得到普遍实施，但仅适用于国有企业。那段期间，全国法院每年受理几千件破产案件，最高的一年达9000多件，这大概是在2000年前后。政策性破产的实施虽然使破产案件的受理数量上升，但其对债权人利益的保障不够,或者说是存在严重的损害,与依法破产适用的规则不同。对国有企业的政策性破产与破产法、担保法的规定存在一些矛盾,尤其是在对物权担保债权人的利益维护方面,所以在社会上也受到了反对与抨击。例如,其中有一项规定,破产财产无论是否有设置有物权担保,都要优先支付职工的工资和安置费用等,这实际上是用应分配给债权人的财产去解决原本应当由地方政府承担的职工安置责任。

我国1994年以后开始准备制定新的破产法,中间也有过一段时间中断,大约历经了12年的时间,于2006年8月通过了新的破产法——《企业破产法》。与之前试行的破产法相比,这部法律是一部新的立法,而不是对原有旧法的修订。我也是这部法律起草工作组的成员。这部新破产法出台后,得到了许多西方国家的肯定。在立法过程中,我们参考了许多国家的破产立法先进经验。有一部分内容是借鉴了美国的制度如重整制度。但由于中国在历史传统上属于大陆法系国家,所以也有一些制度是借鉴大陆法系国家如德国、日本相关规定,包括我国台湾地区相关规定。例如,在破产清算等方面主要就是借鉴了大陆法系国家的做法。总之,我们是把能找到的、在中国比较适用的一些制度尽量都吸收过来。当时有来自各国的许多专家参加了立法的讨论,提供了很多具有建设性的意见,例如,来自美国、日本、澳大利亚、丹麦、荷兰等国的专家,很多国家都对中国的破产立法很感兴趣。此外,世界银行、亚洲银行、德国技术合作公司等国际组织还为中国的破产立法提供了资金等方面支持。例如,当时我们前往英国等国进行破产立法考察,就是由这些机构提供的资金。因此,在立法的制度参考上,我们的主体框架较接近大陆法系,但是像重整制度,尤其是债务人自行管理等制度则是从美国借鉴过来的。

Ravi F. Buck:根据我们的了解,在中国企业很难进行破产,因为政府部门可能本身就是债权人之一,有的政府部门会对企业进入破产程序进行阻碍,您认为这种说法对吗?

王欣新:在中国的确存在企业破产案件受理难的问题,不过政府部门本身就是破产企业债权人的情况应当是很少见的。在新的企业破产法出台之后,我们本以为破产案件数量会上升,但事实上没有。新破产法颁布以来,中国破产案件受理数量是一个不增反降的趋势。但在近一二年略有上升,从2000多件增加到3000多件，这主要是和中央政府提出的新政策有关。破产案件受理难是一个综合性的社会问题。

首先，法院方面的问题。中国法院和美国法院对破产案件的受理和审理是不一样的。中国法院在审理破产案件时，不仅要审理债权债务清偿等法律问题，还要帮助政府解决企业破产产生的相关社会问题。这就使法院在考虑是否受理企业破产案件时，会顾虑许多相关的社会问题能不能顺利得到解决，比如，职工的债权清偿、失业救济安置问题等，这些都会使破产案件的正常受理受到一些社会压力的不利影响。此外，在法院内部，对于破产案件的审理存在审判人力不足、专业知识不足、法院内部对破产案件审理工作业绩的考核标准不合理等问题。例如，审理一件合同案件计算为一个案件，而审理一件破产案件则非常复杂，如果也按照一件案件去计算工作业绩，那就是非常不合理的。另外，中国法院对法官审理案件有结案率的要求，即要求每年受理的案件尽量都要在当年审结，这本身就是不合理的，而破产案件因其审理周期长难免可能跨越几个年度，这就会影响结案指标的完成。这些因素都导致法院和法官不愿受理破产案件。

其次，社会配套制度如社会保障制度等不健全。例如，很多国家设有职工工资保障基金，在企业破产时由其保障对职工债权的清偿，在基金先行清偿后再由其作为债权人在破产程序中代位求偿。这样可以迅速、顺利的保障职工债权。但中国目前还没有一个统一相应制度解决这些问题。在一些市场经济与破产法治比较发达的地区如广州、温州等地，因为地方政府的财力比较充裕，所以都设置有一些地方性的社会保障基金，但是这些基金保障的范围、资金来源等都是不统一的。与之相关的还有税收制度、工商制度等，这些相关配套制度的不健全也影响了法院受理破产案件的积极性。

再次，地方政府对于破产法的不当理解也是案件受理方面的障碍。例如，认为出现企业破产对政府是不光彩的事情，会影响金融环境；还有的地方政府认为受理破产案件会导致职工失业、上访等，影响社会稳定，因此授意法院不予受理。

最后，债权人、债务人对破产制度存在偏见，这也是一个障碍。比如有些债权人认为，破产是债务人逃避债务的一种手段，而不是一个公平清偿债务的制度，更没有将其视为市场经济必然发生的正常现象。有的债权人以为破产法就是破产清算,没有认识到还有企业挽救制度即重整和和解制度。债务人这方面也存在一些认识问题。例如,有些债务人认为破产是有损名誉的事情,不愿意通过破产法解决债务问题。有些企业因为对破产挽救制度认识不足,没有能够通过重整制度及时获得挽救。此外,还有一些其他需要解决的问题,比如,有的企业完全没有财产,破产程序中涉及的行政费用、管理人报酬等破产费用没有办法支付,也影响这些案件的受理。当然还有其他一些因素,综合造成了破产案件的受理难问题。

Ravi F. Buck:您认为有什么办法可以解决这些问题?比如,在国家层面,可不可以由优秀的学者、律师对地方法院的法官进行培训?可不可以在地方设立破产保障基金?

王欣新:国家也在关注这个问题,提出了在地方法院要设立专门的破产审判庭审理破产案件的要求。若设立了专门的破产审判庭,就不会再有考核指标方面的问题,因为破产审判庭专门审理破产案件,考核就可以单独适用一套体系,审理破产案件的法官的业务素质也会提高。中国人民大学破产法研究中心和北京破产法学会一直在推进这些工作。我们曾专门召开了破产案件受理难问题的研讨会,会后形成的研究报告报送到最高人民法院,并得到领导的重视与批复。这其中就涉及设立破产审判庭等问题。

至于你提出的设立职工破产保障基金的问题,在新破产法还未实施时,由于立法中确定了担保物权优先于职工债权受偿的原则,可能导致职工债权因无担保财产不足而无法清偿,所以当时我们就建议要设立职工破产保障基金,但是后来因涉及多方面的问题没有能推行下去,目前只是在部分地方设有此类基金。另外,对破产案件审判人员、管理人的培训也一直在进行。新破产法出台之后,最高人民法院组织过两次全国范围的破产法培训,我受邀参加了对法官的培训,各个地方也多次组织过对法官、管理人、地方政府官员的培训,我也都有参与授课。现在中央政府对破产制度予以重视之后,地方政府和地方法院也就更加重视了,当事人也会考虑到这些因素影响,所以这些问题正在逐步得到解决。

Ravi F. Buck：您认为在未来1～2年内会有比较多的央企或者地方国企进入破产程序吗？

王欣新：应该说，在中国经济总体处于下行期的期间内，尤其是这几年，在中央的鼓励与支持下，企业破产案件的数量会增加。但在这些破产企业中，国有企业所占的比例可能不会特别多。在一些经济比较发达的地区，尤其是破产案件受理比较多的地区，国有企业的数量在企业总体数量中所占的比例就很低。国有企业较多存在于西北、东北等市场经济理念相对不是很发达的地区。陷入困境的这部分国企，它们的体量比较大，但数量不一定很多。这些企业中有一部分是属于中央政府强调要去过剩产能的行业，它们可能面临着去产能这一经济结构调整任务的完成，因此有一部分要进入破产清算或重整。另外，在中国国有企业尤其是那些没有经过改制的国有企业的职工的观念中，认为自己有类似于国家雇员的地位，因此认为地方政府要承担对他们的社会救济和就业安置的问题。这是旧的经济体制遗留下来的社会问题，对地方政府而言是很大的压力。对其他民营企业的职工安置等问题在较大程度上可以做到市场化，地方政府在观念上不存在这种责任，尽管实际上也需要承担相应的社会责任，但其破产受到的政府干预阻力相对较小。

实际上，地方政府有时会从不同角度考虑企业破产问题。中国政府目前的一个重要目标，就是要保持社会稳定，如果企业破产可能出现影响社会稳定时政府就会干涉。但政府的干涉，可能会导致破产程序的变形。例如，为了完成去过剩产能等任务，中央政府拿出了大量资金用来解决国企职工的失业救济与安置问题，但民营企业职工则难以享受到这种待遇，也有人从破产法的角度提出这种做法是否公平、合适的问题。中国的一些问题如经济问题、社会问题等，需要从多方面加以考虑，以处理得更为稳妥。

鲁镇：比起20世纪90年代开始的国有企业政策性破产，现在的企业破产在财政方面是不是压力小多了？

王欣新：这个也不好说。20世纪90年代进行的国有企业政策性破产，企业要进入破产程序是要经过各级政府逐级审批的，所以国有企业政策性破产的整体数量是有行政控制的，财政压力也是可以通过行政批准方式予以控制的。所谓政策性破产，实质上是一种国有企业行政关闭程序，只不过是假借破产程序之名进行,以最终解决债务清偿等法律关系。那时中央政府每年都会支出大量的财政补贴,解决资源枯竭的煤矿、铁矿、军工企业以及其他国企的破产问题。这样做职工救济安置问题是解决了,但已不再是国际上通用的市场化的破产法了。新破产法不允许再实行所谓政策性破产,所以不会再出现损害担保债权人的利益、与物权法、担保法相冲突的问题。现在的财政压力主要是在去过剩产能对企业关闭、破产时职工的失业安置等费用方面,而不是一般企业破产时的问题,对政府财政资金压力的大小要看这项工作的实际进展情况。

鲁镇:通过我对劳工和劳动力市场的研究,我认为,无论是民企还是国企,实际上都不会出现因为企业破产而导致社会振动。您觉得呢?

王欣新教授:我认为这种情形应当是不会存在的。或者说如果可能出现这种问题,政府首先会考虑停下的是企业的破产或采取其他措施,而不会放任社会动荡的出现。因为破产法的适用本身就需要考虑到社会问题的处理。美国也会有这种问题。例如,美国通用汽车公司,一旦其破产也会出现严重的社会问题,当时美国政府就会直接出面进行拯救,而中国政府目前还少有直接出资解救企业的情况。

Ravi F. Buck:您认为本次中央政府处置“僵尸企业”的态度是坚决的吗?现在采取了哪些行动呢?

王欣新:从中央政府出台的政策文件来看,态度是坚决的。国家发改委出台的文件中指出了哪些行业存在产能过剩,针对某些大型企业也直接出台了调整措施。中央政府对这种大型企业的处置是比较有把握的,它可以通过行政手段去解决,目前已经出台了企业名单和产能压缩的指标,这些肯定是硬化的措施。除此之外,还有一些相对软化的指导性而非强制性的措施,如商业银行针对哪些行业、企业不应再发放贷款,等等。但是具体到企业破产处置的情况是很复杂的,如出于地方利益考虑,有些地方政府并不认为自己的企业存在产能过剩的问题,有些地方政府会有一些拖延或者抵制的做法。再者,重整本身是企业挽救制度,但如果重整制度被滥用于那些本来应该清算关闭的企业,则会导致资源浪费,可能对去产能造成新的障碍。现在很多人已经意识到这个问题,例如,最高人民法院,但在“僵尸企业”破产处置真正进行的时候会有更多的利益博弈。

Ravi F. Buck:十分感谢王教授。您解答了我们所有的问题。不知道您有没有关于美国破产法的问题要问我们的?

王欣新:第一,在重整制度这方面,尽管破产立法时借鉴了美国的经验,但当时我国司法实践中没操作过企业重整,在法律实施中发现立法还有不够合理、难以操作的地方。有些制度如预重整制度我们还不是很清楚,特别是具体规定或者实际案例的操作上。第二,关于企业破产的实质合并问题。对企业集团中的多个关联企业,若它们存在财产、债务、管理等方面的严重混同即法人人格的混同,则可以把它们进行实质合并,作为一个企业去重整或破产。美国企业破产的实质合并,从法律的角度来讲,应当符合哪些最关键的条件?实质合并的程序是怎样进行的?是通过当事人、管理人的申请,还是由法院依职权进行?目前这些不同做法中国都存在,无论是程序上还是实体上都不是很规范。中国最高人民法院正在制定相关司法解释,如果你们能在这方面提供一些资料,会对中国制定相关司法解释有所帮助。第三,关于出售式重整。目前中国绝大多数企业重整都是要保留原企业的法人人格,我们称其为存续性重整。但这样可能会导致一些企业由于资产、债务情况较为复杂,战略投资者进入的风险很大,即使企业还有一些有竞争力的营业事业也没有人愿意收购。而美国大部分企业的重整采取出售式重整,是将企业具有活力的营业事业随同员工等出售,而将原企业清算注销,如通用汽车公司的破产重整就是如此。这方面我们也想了解得更多的情况,希望能够为我们提供一些资料,这对我们破产立法的完善会有帮助。

八、域外“破事”

澳大利亚破产法立法改革近况

金　春*

一、引　　言

澳大利亚在2015～2016年迎来了近25年来大规模且重要的破产法立法改革。这项工作分两个阶段推进实施。第一阶段的改革主要在于破产从业人员的规制等问题,尤其是消除公司破产从业人员与个人破产从业人员之间长期存在的规制等方面的差异。第一阶段工作已完成,财政部在2015年12月3日提交的《2015年破产法改革法案》(Insolvency Law Reform Bill 2015)经过两院批准后,2016年2月29日经总督(Governor General)签署确定为《2016年破产法改革法》(Insolvency Law Reform Act 2016),①该法将于2017年3月1日起生效。第二阶段的改革则更多地涉及公司与个人破产制度的实质性内容。此项工作正在实施中,目前已经取得阶段性成果,即在2015年12月7日,政府独立咨询机构——生产力强化委员会(Productivity Commission)②公布了这几年的研究调查成果——《调查报告书》(Inqu-iry Report on "Business Set-up, Transfer and Closure")。③ 该调查报告书公布后的同一天,政府作为特恩布尔新政权的标志宣布了联邦政府《国家创新和科学计划》(National

* 日本同志社大学法学院副教授,澳大利亚墨尔本大学访问学者(2015～2017年),中国人民大学破产法研究中心研究员,京都大学法学博士。

① 资料来源https://www.legislation.gov.au/Details/C2016A00011/CanPrint。

② 生产力委员会是澳大利亚政府内的一个独立咨询机构,其职责是对经济、社会、环境等重要政策性问题进行研究,并基于长期视角向政府提供政策决策。

③ 资料来源http://www.pc.gov.au/inquiries/completed/business/report。

Innovation and Science Agenda)——旨在提高本国内创新和创业活动的"一揽子"改革方案,[①]其中明确认可了《调查报告书》中三项改革内容的必要性。随后于2016年4月29日,财政部就此三项内容率先提出了《个人和公司破产法完善建议书》(Proposals Paper on Improving Bankruptcy and Insolvency Laws),[②]并向社会各界公开征集意见,如果顺利,预计在2017年中旬形成法案后提交两会进行审议。两个阶段的立法改革过程中,澳大利亚破产重整与重组协会(Australian Restructuring Insolvency & Turnaround Association, ARITA)起了重要的作用。

本文旨在对本次澳大利亚破产法立法改革的目标及成果进行介绍和简要考察。

二、澳大利亚破产法的制度框架

首先,作为前提,对澳大利亚破产法的制度框架予以简要介绍。澳大利亚是一个联邦制国家,由6个州和2个联邦直辖地域(首都特别区和北部准州)构成,法系上属于英国法系、普通法系。在澳大利亚,个人破产和公司破产分别规定于不同的法律。现行的公司破产制度规定在适用于首都特别区并由各州采纳后成为联邦法的公司法(Corporations Act 2001)第5章。澳大利亚的个人破产制度则由联邦《1966年破产法》(Bankruptcy Act 1966)来统一规制。

(一)公司破产

公司法第5章分别规定了重组安排计划(scheme of arrange-ment)、自愿管理程序(voluntary administration)、清算程序(winding up)及类似于一种担保权执行程序的接管程序(receivership)。其中清算程序与自愿管理程序是清算型破产程序与重整型破产程序的常见类型。对于公司的破产程序,洲最高法院和联邦地方法院共同享有管辖权,当事人可以进行选择,实践中也不存在

① 资料来源 http://www.innovation.gov.au/。

② 资料来源 http://www.treasury.gov.au/ConsultationsandReviews/Consultations/2016/Improving-bankruptcy-and-insolvency-laws。

管辖竞合的问题。

与《美国破产法》第 11 章程序及我国的重整程序相比较，自愿管理程序具有独到的特点。即自愿管理程序是公司已经或将要陷入破产状态（应指不能清偿到期债务）时，由公司从外部选任管理人（voluntary administrator），[①]并由该管理人对公司所有财产、业务进行管理、经营，在公司存在重整可能性时，及时地向债权人会议提议缔结重整计划（a deed of company arrange-ment），通过与债权人会议缔结重整计划[②]实现公司重整的程序。[③] 由此，首先，自愿管理程序的开始主要基于债务人自行选任管理人而自动开始并产生债务人财产的冻结等效力，法院在此过程中不进行介入；其次，重整计划无须经过法院的审批，经债权人会议决议而生效，就此而言，法院的权限非常有限。相对于此，管理人履职过程中，对于可能发生履职风险的事项，一般都可以向法院要求进行指示或命令的方式来控制风险，就此而言，法院的权限又非常宽泛。这样的制度框架，主要与澳大利亚立法者没有把自愿管理程序作为一般普遍性的司法程序进行设计有关，这是经过慎重考虑而作出的选择。因为，立法者在当初引入该程序时，考虑到法院过多的介入可能导致程序的迟延，而另一方面自愿管理程序没有采取美国式的 DIP 程序，而是采用了第三方管理人接管模式。[④]如后文所述，这种制度模式在近期的立法改革中又一次得到了认可。

管理人的选任和报酬确定标准方面，澳大利亚也有别于美国和中国的模式。只有在澳大利亚证券投资委员会（Australian Securities & Investments Commission，ASIC）注册为清算师的人即注册清算师（registered liquidator）才有资格被任命为管理人。注册清算师中大部分是会计师，只有很小一部分是

---

① 概括性浮动担保权人（the whole, or substantially the whole, of a company's property）已经处于能够行使担保权状态的，也可以任命管理人。但是，由于顾及社会和行业舆论的压力，司法实践中极少出现概括性浮动担保权人（银行）任命管理人的例子。

② 债权人会议也可以作出自愿清算或者终止自愿管理程序的决议。

③ 该程序最初引进于 1992 年，以修改公司法的形式编入到了公司法第 5.3A 编。引起这项修改的契机是澳大利亚法律改革委员会于 1988 年颁布的“澳大利亚破产法现状调查报告书”（由于哈默律师时任法律改革委员会会长，因此该报告书又通称“哈默报告”）。参见 Colin Anderson and David Morrison, “Part 5.3A: The impact of changes to the Australian corporate rescue regime”, *Insolvency Law Journal*, Vol. 15, 2007, pp. 243 – 257。

④ 金春、Stacey Steele、Andrew Godwin：“破产重整程序中的管理人制度”，载《政法论坛》2010 年第 6 期。

律师。管理人必须从注册清算师中选任。关于注册为清算师的条件,首先,申请人必须是在证券投资委员会指定的大学、专业机构获得会计和商法学位、专业资格并通过相关考试考核,或者具备该委员会认为相当于前述资格的其他资格和实务经验的人。其次,申请人必须具备清算重整实务经验。最后,申请人必须是该委员会认可具备担任清算师的能力、适合担任清算人之人。[①] 管理人报酬最终需要在债权人会议上确定。管理人、公司的高级职员、股东、债权人,证券投资委员会对债权人委员会确定的管理人报酬的合理性有异议的,可以申请法院对其进行审理。[②] 由于报酬标准目前主要实施按工作时间计费的模式,实践中出现了破产从业人员为获得较高报酬而不当延缓工作进程的现象,导致了诸多纠纷,一些州法院作出了降低报酬的裁定。

(二)个人破产

适用于个人的《1966年破产法》分别规定了破产程序、债务和解程序(第IX章 Debt Arrangement)以及个人破产和解程序(第X章 Personal Insolvency Arrangement)。债务和解程序与个人破产和解程序是为回避破产清算及其他附随的身份限制等的一种重整型程序,前者是适用于负债额少,收入以及财产甚微的个人债务人的简易程序。

个人破产在管辖方面有其独特之处。债务人申请的,由政府的最高法律顾问司法长官(attorney-general's portfolio)的执行机构澳大利亚金融保护局(Australian Financial Security Authority,AFSA)来管辖。债权人申请的,为保护债务人的合法权益,由联邦法院(地方)法院管辖,比如在维多利亚州是由联邦巡回法院[相当于联邦(地方)法院内部的第一审]来管辖。另外,该巡回法院的法官把诸多的权限委托给从律师等专家选任的行政官(registrar)来行使,对于涉及取回权等案件实体争议问题,则继续由法官来行使职权。实践中,债务人申请案件远远超过债权人申请案件。

个人破产的信息(破产人的姓名、生日、住所、破产开始裁定日期以及破

---

① 金春、Stacey Steele、Andrew Godwin:“破产重整程序中的管理人制度”,载《政法论坛》2010年第6期。

② 同上。

产程序终结日期等）都会在金融保护局主管的信息数据库（national personal insolvency index）加以记录，外部人支付一定的费用即可获取信息。

三、《2016 年破产法改革法》

（一）改革的目标

《2016 年破产法改革法》的改革工作，开始于 2010 年成立了破产从业人员规制、注册及薪酬问题参议院咨询委员会。

该改革法的具体目标是实现破产从业人员规制、注册和薪酬方面的公司破产与个人破产法规定的统一协调和完善。即通过修改《2001 年公司法》与适用于个人的《1966 年破产法》，对所有破产从业人员进行统一规制与完善，从而实现降低成本，提高效率，促进破产行业的竞争，加强对破产行业和破产从业人员的监管规制，同时也提高破产从业人员的专业知识和专业信心。另外，本法的目标还包括促进公司破产方面具有监管权的证券投资委员会与对债务人申请的个人破产程序具有管辖和监管权的金融保护局之间的协调和合作。

（二）改革的内容

改革涉及很多细微内容，其中重要的改革内容如下：①

1. 参照金融保护局对个人破产从业人员的监管和审核的权利，加强证券投资委员会对企业破产从业人员行为进行监管和审核的权利。

2. 参照个人破产从业人员注册制度，明确规定公司破产从业人员的执业注册也必须每三年更新，从而解决旧法中因欠缺该规定造成的混乱现象。

3. 删除财产不足的公司清算程序中就清算人的报酬仍需要债权人会议决议的旧制度，引进法定的最低报酬额制度。

4. 删除清算程序、自愿管理程序等程序中债权人会议必须召集的规定，以及破产从业人员报告义务制度，允许根据案件的具体情形灵活地运作。

5. 加强清算程序、自愿管理程序等程序中债权人维护自身利益的相关权

① 改革法的详细内容参见 http://shawgidley.com.au/insolvency-law-reform-bill-enters-parliament/。

利。譬如,债权人会议无须法院的批准有权经决议决定更换和任命新的破产从业者,同时对于争议事项保留法院对此进行审核的权利。

债权人,证券投资委员会以及法院有权任命一名中立的专家以审查破产从业者的报酬或费用或其他行为,证券投资委员会以及法院也可以直接审核。

四、生产力强化委员会的《调查报告书》以及财政部的《个人和公司破产法完善建议书》

相对于《2016 年破产法改革法》,更令业界关注的是生产力强化委员会的《调查报告书》中提出的破产法改革建议。

(一)改革的背景和基本方针

关于改革的背景和基本方针,是否需要对所有类型的破产程序,尤其是公司破产程序进行根本性的、全方位的修改呢?《调查报告书》得出的结论是否定的。《调查报告书》指出现行公司法规定的自愿管理程序和清算程序的运行是良好的,两者依然是澳大利亚公司破产程序的核心制度,其基本结构应该得到维持。尤其是对于主张引进占有中的债务人制度(Debtor in Possession, DIP)为核心的《美国破产法》第 11 章程序的一些观点,《调查报告书》认为,这意味着需要加强法院职权的介入,如此将导致成本的提高和效率的降低。而统计显示,澳大利亚破产程序中的债权人的参与程度以及债权回收率并不低于美国等其他国家。因此,《调查报告书》对此明确了反对意见。

但是,《调查报告书》同时指出,现行的自愿管理程序缺乏鼓励当事人尽早启动重整的激励机制而偏重于惩罚机制,有许多制度上的不完善,阻碍了该程序作为重整程序应有的高效性和成效性。另外,清算程序的所需时间过长(平均 500 余天),这对于小规模的债务人企业破产是亟待解决的问题。

（二）改革的核心内容[①]

《调查报告书》囊括的几项改革提案如下，其中第1、2、5个问题的改革必要性得到了《国家创新和科学计划》的明确认可，随后作为其具体实施财政部提出了《个人和公司破产法完善建议书》。

1. 对董事的阻止破产交易义务，引进安全港条款（Safe Harbour）

《2001年公司法》规定了发生某项债务之时公司已经处于或因该债务会使公司陷入破产状态（insolvent or becomes insolvent。在澳大利亚指债务不能清偿而非资不抵债）的情形，董事负有阻止公司进行破产交易（insolvent trading）和发生新债务的义务，董事违反该义务的应当就公司的损失承担个人赔偿责任（参见第588G条等）。但是，因债务不能清偿的时点本身很难判断，实践中该项义务往往迫使董事在公司出现破产迹象的早期便尝试任命管理人而不是尝试自行重整（尽管实践中，以触犯该义务为承担赔偿责任的案例非常少），而过早的管理人的任命往往会导致企业价值的巨大毁损和第三方终止合同的不利后果。《调查报告书》同时指出，在现行的阻止破产交易义务制度的规制下，投资人会担心因过失而违反破产交易法而不愿意继续投资。

于是，《调查报告书》建议，在《2001年公司法》中引进以违反阻止破产交易为由而被诉的董事，可以以自己任命了重组顾问（与自愿管理程序的管理人不同，这种任命不产生转移财产管理权和业务执行权的效力）并制订和研发了公司的重整计划方案为由进行抗辩，从而获得保护。具体而言，（1）为制定重整计划方案并运转公司，董事作出了任命一个安全港顾问的明确决定并对此有记录在案；（2）顾问被任命时公司向其提交了真实的账簿记录，并能证明自己被任命时该公司具有债务清偿能力；（3）重组顾问是注册清算师并且具有5年以上破产清算和重整经验之人；（4）董事能够证明其采取了一切合理措施去试图重整企业；（5）重组顾问提出的建议必须直接针对公司的财务困境的具体情况，并且短期内不得重复使用安全港条款；（6）如果重组顾问认

---

① See http://www. innovation. gov. au/; http://www. kwm. com/en/au/knowledge/insights/innovation-australia-insolvency-laws-reform - 20151208; http://www. claytonutz. com/publications/edition/26_november_2015/20151126/safe_harbour_for_directors_will_not_save_more_companies. page.

为企业无法实施重组时,负有义务去中止安全港期间,同时建议董事会正式申请法定破产程序。

2. 破产解除条款(ipso facto clauses)的效力限制

破产解除条款,指允许合同一方当事人以相对方出现破产状态(债务不能清偿)为由即时终止合同的条款。破产解除条款在商事合同中司空见惯,但如该合同涉及供应商或客户等重要交易对象时,合同的终止会导致公司价值的巨大的毁损,从而阻碍公司重整。于是,《调查报告书》建议,公司处于重整程序期间(即自愿管理程序)、重组安排(scheme of arrangement)的执行过程中。该条款的效力受限制。具体而言,管理人等可以向法院申请该条款不生效。法院如认为供应商企图通过该条款规避交易风险而自动停止合同履行,并且合同的履行符合全体债权人最佳利益的,可以认可该项条款不发生效力即合同不终止。但是,该条款的终止给对方造成不当损害的,对方可以向法院请求履行该条款即终止合同。另外债务人违反了该条款之外的合同规定的其他义务(如没有履行付款义务等)的,不影响合同的终止。

3. 预重整中的出售(pre-positioned sales)的保护

预重整的出售是指公司选任管理人进入自愿管理程序之前已经协议出售,并在自愿管理程序之前或者过程中完成出售的财产出售形态。如果引进阻止破产交易义务的安全港条款,很可能会出现众多的预重整中的出售。

《调查报告书》建议,在公司法中引进限制自愿管理程序中的管理人或后续的清算程序中清算人依照职权推翻该出售的新制度。具体而言,买方为非关联企业等关联者的,除非管理人等证明了出售不具有合理的市价或不当地侵害管理人职责的履行等例外情形的,法律上当然推定为该出售获得法律保护。管理人等应当去遵守和履行该出售。出售是在安全港条款抗辩理由成立的情形之下进行的,管理人等行使撤销权时,安全港期间出售将成为买方的抗辩事由。作为配套措施,《调查报告书》建议,对债权人的信息公示义务作出明确的规定,同时引进对通过建立新公司恶意转移原有公司财产的“不死鸟”(phoenix)等行为进行制衡的制度措施。

4. 简易清算程序的引进

为提高效率和降低成本,《调查报告书》建议,债务总额250,000美元(不包括对关联企业或关联关系的个人承担的债务)以下的小型公司,且企业主或高管没有违法行为的，经董事向证券投资委员会申请可以适用简易清算程序。简易清算程序的清算人从证券委员会经过竞标组成的清算人名单中选任。清算人的主要职责仅限于查出可用资金，确认有无不当行为导致了破产。而清算人的召集债权人会议和对债权人的报告义务、调查义务以及公告义务将会得到豁免。清算人行使撤销权的义务，原则上仅限于3个月内且已有证据材料的情形。债权人对简易清算程序的适用可以提出异议并要求转入普通程序。债务人财产不足以清偿清算人费用的，清算人就不足部分可以向证券投资委员申请从无资产管理基金（assetless administration fund）［今后改名为公共利益管理基金（public interest administration fund）］予以支付。该基金所需的资金今后将通过提升公司缴纳给证券投资委员会的年检费用来筹集。

5. 个人破产免责要件的放宽

个人破产的领域，《调查报告书》只提出了一项改革建议。现行的《1966年破产法》第149条规定，个人债务人原则上自破产申请起3年期后才能获得免责，这意味着在此期间的债务人的一部分收入仍然作为破产财产处理，尤其在获得新融资，就任公司董事，以及就业和海外旅游等方面也受到限制。但是，该制度对于指望短时间内重生或重新创业的个人债务人而言未免过于苛刻。于是，《调查报告书》建议除非有欺诈等特定行为，把该三年期限缩短为一年（对于一部分收入的破产财产归入仍然维持现行法的3年期限）。不过，为防止制度的滥用，法院或管理人可以根据个案延长该期限至8年，延长必须记载于全国个人破产信息索引（national personal insolvency index）。《调查报告书》同时指出，澳大利亚政府应当与其他国家及专业团体合作，对于超过上述期限的债务人的就业等方面的限制进行协调和调节。

五、本次立法改革的评价和展望

《2016年破产法改革法》就破产从业人员的规制、注册及报酬相关问题进行规定，解决了长期以来存在的诸多弊病。但是，由于该改革法的目标定位在于消除公司破产与个人破产法之间存在的不协调，有关破产从业人员实际操作规范等众多实质性问题尚没有得以改善，也为今后的持续改革的必要性留下了空间。

另外,如上所述,生产力强化委员会提出的《调查报告书》的诸多改革建议中不无看出一些是受了美国破产法的影响,其中,董事的阻止破产交易义务中引进安全港条款、破产解除条款的效力限制以及个人破产免责要件的放宽得到了与《调查报告书》同一天公布的政府的《国家创新和科学计划》的明确认可,作为其具体实施财政部在2016年4月29日提出了大体承继《调查报告书》中前述三项改革建议的《个人和公司破产法完善建议书》,正在向社会各界征集意见。因此,对于这三项通过立法的可能性较高一些。如果实现这三项立法改革,无疑就鼓励创业,维持企业价值,消除破产带来的负面影响等,改善澳大利亚整体的创业环境方面会有积极的影响。当然,围绕着这些改革建议业界仍然存在诸多争议,能否按计划在2017年中旬提交两会审议并通过立法仍待需要予以关注。

六、结　　语

促进和引导债务人企业在尽可能早的阶段提出破产申请的制度设计,是我国破产法亟待解决的问题之一。其中,赋予董事破产申请义务是作为解决问题的对策常被提及的措施之一。从制度架构来看,澳大利亚破产法中的董事阻止破产交易义务与董事的破产申请义务存在诸多相似之处。不过,就生产力强化委员会的《调查报告书》中引入安全港条款的背景理由来看,无论是债务不能清偿时点的判断困难性问题,还是诱导了董事过早地申请和启动破产程序而导致企业价值减损的问题,董事的阻止破产交易义务制度都存在尚待阐明的疑问。此次立法改革中讨论引入的安全港条款能否妥善地解决前述问题也充满悬念。因此,笔者认为,我国破产法不应当草率引入董事的破产申请义务或阻止破产交易义务。当然,这个观点还需要今后进一步的研究和深层的论证。

预重整①中已协定的出售或投资方的权利保护问题也是各国破产法实践

① 这里的预重整是指广义的预重整。具体说来,不仅包括进入法庭程序之前获得部分或大部分债权人对重整计划同意的类型,也包括仅对债务人的部分财产或全部财产签订了出售协议或其他已找好投资方的类型。

中非常重要的课题。在我国这一问题也开始受到关注。解决这个问题的焦点在于如何去平衡预重整中的出售具有的维持企业价值的优点与保障出售程序的透明性、公正性,而难点在于如何妥善处理上述问题和债权人利益最大化理论之间的关系。另外,有关破产解除条款的效力限制问题,我国的理论研究和实践探索尚处于初期阶段。相信这次澳大利亚立法改革中的相关立法建议及其背景,以及澳大利亚破产法今后的立法方向会对于探讨我国破产法中的相关问题提供有益的线索。

底特律破产纪略

贺　丹*

地方政府债务问题一直是国内关注的热点问题。在这一方面,美国在破产法框架下对市政府债务的处置可以提供一个参考。此次金融危机后,美国多个城市适用破产法第9章进行了其债务重组,其中受到较多关注的是底特律市破产。作为美国历史上最大的城市破产案件,底特律破产案件将列入城市破产史册。2014年11月7日美国密歇根东区破产法院(U. S. Bankruptcy Court for the Eastern District of Michigan)破产法官史蒂文·罗德斯(Steven Rhodes)批准了①底特律的债务调整计划,这标志着底特律城市破产案法律程序的终结。② 而相较于此前分别花费3年和27个月进行《美国破产法》第9章市政破产程序的美国加利福尼亚州的瓦列霍市(Vallejo)和斯托克顿市(Stockton),16个月的重整期间也是一次快速高效的债务重整。这次拯救反映出州行政官员与破产业界专业人士相互配合、协调支持,也反映出美国密歇根州法与联邦破产法配合的法律与政治逻辑。

---

* 北京师范大学法学院副教授,中国人民大学破产法研究中心研究员。

① 资料来源 http://www.mieb.uscourts.gov/sites/default/files/notices/Oral_Opinion_on_Detroit_Plan_Confirmation_Judge_Rhodes_FINAL_for_Release.pdf。

② 资料来源 http://www.mieb.uscourts.gov/apps/detroit/DetroitBK.cfm。

一、底特律拯救三巨头①

底特律破产拯救过程中的三个政府部门的关键人物，分别是密歇根州州长里克·斯奈德(Rick Snyder)、紧急管理人凯文·奥尔(Kevyn Orr)与底特律市市长麦克杜根(Mike Duggan)。三巨头在底特律破产拯救过程中，各司其职，相互配合与支持。这是底特律成功通过破产拯救程序调整其债务的关键。

州长里克·斯奈德，在其2011年3月执掌密歇根州长之前，是一位工商界人士，担任Gateway计算机公司②的CEO，还担任过两个创业投资基金的发起人。在其上任后不久的2011年3月，他推动了第4号密歇根州公共法案(The Michigan Pubic Act 4)的生效。根据该法案，州长可以任命紧急管理人对陷入财务困境的市政实体或者校区进行接管。州长根据该法案对底特律市进行了财务审计。2012年3月21日州长宣布底特律市陷入严重的财务危机。在底特律拯救过程中，斯奈德州长促使州议会同意向底特律在未来20年内提供3.5亿美元资助。

凯文·奥尔曾在负责金融机构拯救的美国联邦存款保险公司与风险处置信托公司③工作，之后曾在美国司法部辖下的联邦官方破产管理人办公室工作，之后出任美国联邦管理人项目负责人。2001年紧急管理人奥尔加入美国众达律师事务所(Jones Day)，参与了包括克莱斯勒公司重整案在内的一系列大型公司重整案件。紧急管理人奥尔的主要目标是在其18个月的任期内完成底特律市根据破产法第9章进行的重整，通过其债务调整计划。该计划将削减债券持有人的清偿额，同时削减养老金和医疗保险的支付，以削减掉底特

---

① 此部分的资料参见密歇根大学法学院校友会杂志*Law Quadrangle*，2014年春季号，第14~20页。资料来源http://issuu.com/michiganlawschool/docs/quadranglespring 2014。

② 美国第二大PC厂商，中文商标为捷威。

③ 该公司(Resolution Trust Corporation，RTC)是美国政府为解决20世纪80年代发生的储贷机构(savings and loan associations，S&L)危机而专门成立的资产处置机构。从1989年8月成立到1995年12月解散的6年多内，RTC成功重组747家问题储贷机构，涉及资产约4206亿美元，估计重组成本约875亿美元。资料来源http://www.pbc.gov.cn/publish/goujisi/724/2010/20100324142650274967938/20100324142650274967938_.html。

律市180亿美元的长期债务。

2013年11月底特律医疗中心的前首席执行官麦克·杜根(Mike Duggan)当选底特律市新任市长,在底特律债务危机中上任,杜根因改善了底特律的医疗体系受到广泛好评,并得到了底特律地区商会的支持。[①] 在债务危机处理过程中,市长的工作目标主要是确保城市公共基础设施服务的提供包括公交的运营、路灯安装、破败房屋的拆除,以及让更多的人回到底特律。

三巨头在底特律破产拯救中密切配合,经常召开会议。杜根市长与紧急管理人奥尔共用办公空间,其所带领团队的工作人员也紧密配合。杜根市长主管大部分城市执政部门,奥尔则主管警察局和城市融资债务问题。

除共同致力于底特律破产拯救外,三巨头还有另一个联系,就是他们都毕业于密歇根大学法学院,州长里克·斯奈德为密歇根大学法学院82届毕业生,紧急管理人凯文·奥尔和底特律市市长麦克·杜根则均为密歇根大学法学院83届毕业生。而底特律破产案件的主管法官史蒂文·罗德斯(Steven Rhodes)也是密歇根大学法学院73届毕业生。位于距底特律40分钟车程的安娜堡(Ann Arbor)的密歇根大学法学院因培养了三位底特律拯救的关键人物,在此次底特律破产拯救中功不可没。这也验证着密大法学院方形庭院中铜质铭牌上的箴言:"法律职业的特征取决于法学院的特征,而法学院的特征将影响美国的未来。"

二、紧急管理人

任命紧急管理人的立法经历了一个曲折的过程。在斯奈德州长推动《第4号密歇根州公共法案》生效后,这一法案受到了挑战。非政府组织Michigan Forward[②] 发起了一个要求废除《密歇根州第4号公共法案》的投票征集,准备在2012年11月大选时废除这一法案,州议会为此暂停了法案的适用。同时,

① 此部分的资料参见密歇根大学法学院校友会杂志*Law Quadrangle*,2014年春季号,第14~20页。资料来源http://issuu.com/michiganlawschool/docs/quadranglespring 2014。

② 全名为Michigan Forward Urban Affairs Group, LLC,是一个公共政策咨询与研究机构。

苏格法律中心(Sugar Law Center for Economic and Social Justice)代表选民提起了诉讼,认为任命紧急管理人违背了三权分立和公民自治权。州长要求密歇根最高法院加速这一案件的审理,其理由是当地政府和校区面临的严重财务危机要求法院对宪法问题尽快做出裁决。① 2012年11月州议会通过了对《第4号密歇根州公共法案》的修改版本——《地方财政稳定与选择法——2012年第436号法案》,②斯奈德州长签署了这份新法案。

在美国,由州法任命独立第三方对城市财务危机进行处理的先例来自纽约州。纽约州设立了市政援助公司(Municipal Assistance Corporation,MAC)。该公司为纽约州设立的独立公司,目的是为陷入财政危机的城市提供融资援助与财政监督。该公司处理了在20世纪70年代纽约市的财务危机。该公司的董事会成员的大多数由州长任命。该公司于2008年将其在处理纽约州市政危机过程中发行的债券全部出售后,终止其运营。此外,在1995年纽约州特洛伊市(Troy)财政危机的处理过程中,也成立过同样的公司。

三、破产程序启动:一波三折

由于无法达成庭外和解,紧急管理人凯文·奥尔(Kevyn Orr)于2013年6月16日致信密歇根州州长与州财政部部长,建议申请依联邦破产法第9章破产,对城市债务进行调整。③ 2013年6月18日州长回复紧急管理人,正式授权其启动第9章程序。④ 2013年7月18日,底特律市申请依《美国破产法》第9章规定的自愿破产。

关于底特律是否有权申请适用美国联邦破产法第9章,是破产法院要裁决的首要问题。破产申请同时,底特律市紧急管理人凯文·奥尔(Kevyn Orr)向法院提交了底特律市符合联邦破产法第109条(C)规定,可以适用第9章

---

① 资料来源 http://www.sugarlaw.org/。

② 7 things to know about Michigan's emergency manager law, available at http://michiganradio.org/post/7 - things-know-about-michigans-emergency-manager-law.

③ 资料来源 http://michigan.gov/documents/snyder/Detroit_EM_Kevyn_Orr_Chapter_9_Recommendation_427831_7.pdf。

④ 授权函参见 http://www.michigan.gov/documents/snyder/governor_Snyder_Chapter_9_Authorization_427830_7.pdf。

进行债务调整的说明文件(orr declaration),其核心观点包括:(一)根据密歇根州法,底特律市被授权适用破产法第九章;(二)该市已经不能清偿到期债务;(三)该市意图制订重整计划以调整其债务;(四)该市将在诚实信用的基础上与不同的债权人利益相关者进行谈判,除非与债权人谈判已不具可能性。同时,紧急管理人向法院提出对征求反对意见设置期限的动议,该动议被破产法院接受,在破产程序启动后的一个月内,法院收到认为底特律无权适用破产法第9章的反对意见超过100份。2013年10月15~16日破产法官史蒂文罗德(Stephen W. Rhode)主持就底特律是否可适用第9章的法律问题进行了言词辩论。2013年10月23日至11月8日间,法官又就事实问题进行了9天的庭审。2013年12月5日破产法院作出了底特律市可以作为第9章债务人的法院意见。①

四、破产从业者及其费用

底特律市作为破产法第9章债务人,其聘请了12家专业机构为其提供服务,包括提供企业拯救重组服务的Conway Mackenzie公司、Dykema Gossett律师事务所、安永会计师事务所、众达律师事务所、Foley & Lardner律师事务所、Kilpatrick & Associates律师事务所、Kurtzman Carson咨询公司、Miller Buckfire(重组投资银行)、Miller, Canfield, Paddock & Stone(明康律师事务所)、Milliman咨询公司、Ottenwess, Allman and Taweel律师事务所、Pepper Hamilton律师事务所。为其制订和提交重整计划的是来自众达律师事务所俄亥俄分所的David G. Heiman、Heather Lennox和Thomas A. Wilson,众达律师事务所洛杉矶分所的Bruce Bennett以及明康律师事务所的Jonathan S. Green与Stephen S. Laplante。

债权人委员会聘请了四家专业机构,分别为Denton律师事务所的美国和欧洲分部、Brook Wilkins Sharkey & Turco律师事务所、投资银行Lazard Freres

① 资料来源 http://www.detroitmi.gov/Portals/0/docs/EM/Reports/7.15.14%20EM%20Quarterly%20Report.pdf。

公司、Segal Consulting 咨询公司。[①]

破产法院根据破产法第 943 条(b)(3)规定,于 2013 年 8 月 19 日任命了费用监督人(fee examiner)罗伯特·菲斯曼(Robert M. Fishman),其职责是确保法院、底特律市、债权人与公众充分知悉破产从业专业人士的费用信息,并确保这些费用支付的合理性。根据费用监督人的报告,截至 2014 年 3 月债务人所聘用的专业机构中,Conway Mackenzie 公司收取了 833 万美元的费用,众达律师事务所 2013 年全年的收费为 1600 余万美元,其余专业机构的收费从几十万美元到几百万美元不等。同一时段内,在债权人委员会所聘用的专业机构中,收费最高的是 Denton 律师事务所,收费为 741 万美元。[②]

费用监督人罗伯特·菲斯曼本人的收费标准是每小时 600 美元。2013 年 8 月他的费用账单的收费额是 28,407 美元,其所聘用的员工该月的工作收费是 14,028 美元,其聘用的会计师事务所的收费是 5460 美元。

五、400 页的重整计划

多方利益集团、专业人士协调谈判、反复修改所形成的最终成果是一份 399 页的重整计划。[③] 这份重整计划是由重整计划主体与多份附件所构成的综合文件。重整计划有着和一般企业重整计划相似的外貌,其宗旨也与维护企业继续经营的重整计划相似,追求在维护城市功能运行的前提下,城市的债权债务清偿问题。与企业重整不同的是,城市重整所面对的债务有其自身的特点。以底特律为例,其主要的债务包括三个方面:一是城市发行的污水处理与水务债券;二是养老体系支出,包括一般养老体系的支出与警察、消防系统的养老体系支出;三是退休人员的医疗保险支出。在底特律进入破产程序之前,其总债务达到 180 亿美元,这份破产重整计划成功地为底特律减免了 70 亿美元的债务。

---

① 资料来源 http://www.detroitmi.gov/Portals/0/docs/EM/Bankruptcy%20Informati-on/Fee%20Examiners%203rd%20Quarterly%20Report.pdf。

② 同上。

③ 资料来源 http://archive.freep.com/assets/freep/pdf/C422281192.pdf。

该重整计划是由罗德斯法官在经过24天的听证后强制批准的。根据美国联邦破产法,债权人和其他利益相关方对重整计划进行分组表决,在有权进行债权表决的组别中,只要有一组其利益在重整计划中被减损的债权人组通过了重整计划,即使其他组别没有通过重整计划,债务人也可以将该计划提请破产法院,由法官确定是否强制批准该计划。法官经听证认为该计划是“公平公正的”,可以裁决通过重整计划,该计划对各利益相关方有约束力。我国《企业破产法》第87条规定了类似的制度。

该重整计划的主要内容包括两个方面:第一,重整计划许可城市的对外融资,在未来10年内底特律市将投资17亿美元,主要用于以下方面:(一)拆除损坏的老旧建筑;(二)提升公共安全,主要投资于城市的公安、消防和邮政系统;(三)综合提升城市的公交系统;(四)重修城市的信息技术系统;(五)加强城市部门的公共服务。第二,重整计划的重点是对养老保险和退休人员医疗保险的处理。经过债务人底特律市与破产法院任命的退休人员委员会、养老保险系统以及主要的工会与退休人员协会的谈判,重整计划保留了退休人员95.5%~100%的每月养老金发放,并且设立了专门的信托来确保为退休人员提供医疗保险。该信托机构为“自愿雇员利益协会”(Voluntary Employee Beneficiary Associations,VEBA)。能够达成这样的协议主要来源于两个方面的经济支持:一是来源于密歇根州、慈善组织和底特律艺术馆向养老保险提供的共8.16亿美元的资金;二是基于底特律艺术馆世界级的展品所设立的永久的公益信托,这些展品因重整成功而免于拍卖,信托基金用于城市居民和周边地区的利益。此外,底特律市还成功地进行了水务和污水处理债券的招标,这是第9章债务人首次成功地在破产程序中完成债券招标。[①]

在重整计划通过后,密歇根州建立了独立的“财务审查委员会”(Financial Review Commission)对底特律市预算、费用以及切实可行的财务计划等执行重整计划的情况进行审查。

① 资料来源 http://www.jonesday.com/city-of-detroits-chapter-9-plan-of-adjustment-confirmed/。

六、浴 火 重 生

2014 年 12 月 10 日底特律紧急管理人凯文·奥尔 10 日在新闻发布会上宣布:“现在底特律已经到了退出破产的时候”。从 2014 年 12 月 11 日凌晨 00:01 分开始,底特律正式退出破产程序。[①]

底特律依《美国破产法》第 9 章规定的破产程序结束后,再次登录底特律市官方网站,关于紧急管理与第 9 章破产的内容已经在醒目位置上撤下。首页上,蓝天草坪,一群孩子在快乐地奔跑踢球……

① “底特律宣告摆脱美国历史最大市政破产案”,资料来源 http://news.sina.com.cn/w/2014-12-11/045631271428.shtml。

葡萄牙破产法的嬗变及其在澳门之适用

何志辉*

在资本逐利的市场竞争中,优胜劣汰的自然法则需要国家制定法律予以调整和规范,破产法便是其中至为重要的一环。对于市场竞争中的劣汰者,究竟该彻底否定还是该适时挽救,这在不同国家的管理者及立法者看来,都需要根据当时的历史条件,在权衡利益冲突的基础上做出抉择。破产法作为努力兼顾破产企业和债权人利益的特别制度,是经历了漫长时间的发育而得以成熟如斯。由此追溯破产法的历史源流,就不仅仅具有学理层面的理论意义,也将有助于我们辨识破产法在当今社会的运行机理及其在未来世界的发展方向。

置于这一背景之下,考虑到葡萄牙破产法在中国学界尚未获得应有的重视,它在近现代澳门社会的延伸适用状况亦鲜为人知。本文着眼于法律发展的文化因素与社会环境,尝试先行勾勒葡萄牙破产法之诞生与发展线索,辨识它在葡萄牙商事法律体系发展历程中扮演的角色,考溯它对澳门近代以来商事立法发展的深刻影响,以便学界同人留意葡萄牙破产法及由此衍生的澳门破产法。至于它们本身作为规则体系的构造与机理,以及它们在澳门近代商业社会中如何付诸实践、产生什么影响,笔者拟在后续篇章中另行分析。

---

* 澳门科技大学法学院副教授,西南政法大学法学研究所、中国人民大学法律文化研究中心研究员。

一、《法国商法典》影响下的 1833 年葡萄牙破产立法

早期澳门虽然是华洋共处之地,且是以中华法系为主导治理,但往来澳门与华人贸易的葡萄牙商人,在熙熙攘攘为利来往之际,也同样留给华人社会以异质的商事文化。这些远涉重洋栖居于此的商人,通过在葡萄牙国王那边获得王室代理权,在中国政府这边获得广州交易权,把欧洲商人熟悉的各种商业活动一并带来,诸如海损分摊、贸易代理、公司、会计及其他商业服务事业,从而逐步变成职业化的贸易商。

鉴于澳门葡人大多数是往来贸易的商人(仅有一部分葡人是基于纯粹的传教使命,还有少数来自葡萄牙的无产者、被放逐者或冒险家),在葡人社区内部享有地位的也以事业有成的葡商为主,他们作为整体而与教会神职人员、王室力量代表分庭抗礼,成为有限自治机构(以议事会主导)的中坚力量。就此而言,澳门葡人的有限自治实际上也正是商人共同体自治。

当然,澳门葡人的内部自治的权限并不坚实,既要受制于明清中国政府的主导治理,亦受制于代表葡萄牙王室的葡印总督的支配。至于主要由商人构成的澳葡议事会,其本地自治的权限也动辄被内耗,受到总督与王室法官试图分权的冲击。尽管如此,澳门葡人在有限自治的空间内,彼此共同遵循着葡萄牙的法律传统,并通过议事会普通法官与王室法官的司法适用,来维系和强化葡萄牙早期法律在远东的存续。来自葡萄牙的商事法制及习惯,则构成其法律传统的重要内容之一。

随着澳门商业贸易活动的发展,由澳门葡商带来的欧洲商事法制及习惯,也逐步衍生出多种多样的商事规则。除了商事主体因经营不善而申请破产的规则之外,这套商事法体系还涉及商事组织、商业合伙、商业代理、商业担保、转口贸易、海上商贸、海事救助等内容,成为葡萄牙民法典、商法典、诉讼法典得以颁行并在近代澳门商业活动中获得广泛适用的社会基础。

1807 年诞生于法国的《法国商法典》(共 648 条),是人类文明史上资本主义商事法制发展的里程碑。这部法典基于法国大革命的影响,摒弃了传统商法以身份(商人及与商业相关之人)立法的思路,不再采行主观主义的立法

模式,而是采行客观主义的立法模式,即商法是作为调整商事法律行为的规范,而不论实行该行为者的身份如何。不过,从1897年《德国商法典》开始,商法又回到主观性与专业性的老路,对20世纪以来各国商法的立法产生了新的影响。

综观《法国商法典》之体例及内容,可见以商事行为进行立法是19世纪早期自由主义理念的体现。这种理念不再把商法当作特定阶层(商人阶层)的专属规范,而是通过规范包揽一切自由竞争性质的商事活动,使法典成为所有人(而不仅仅是传统意义上的商人)的法律行为指引。

值得注意的是,破产规则经1838年5月28日决定、同年6月8日公布而纳入《法国商法典》第3篇。该篇共3卷:第1卷旨在规范家资分散之事;第2卷旨在规范破产之事;第3卷旨在规范分散人之复权。关于破产规则,集中规定于第2卷(第584条至第603条),下分4章:第1章通常之破产;第2章有诈伪之破产;第3章非分散人者就分散所犯之重罪及惩治罪;第4章于破产之场合管理其破产者之财产之方法。由是观之,关于破产之内涵、定性、类型,破产执行之程序,破产犯罪之惩治,皆具有近代资本主义自由竞争的时代性质。由此构筑的这套破产法框架,亦在开启近代欧洲诸国商事立法之端绪。

受法国商事立法影响的其他近代欧洲国家,在商事立法方面大多采择客观主义的法国模式。葡萄牙作为欧洲小国之一,在商事法制发展方面同样追随法国,在民法与商法关系上奉行“民商分立”的立法体例,把商法典作为民法典的特别法。值得一提的是,鸦片战争后清政府为方便将来制订近代型的清国商律,也曾组织翻译了包括《法国商法典》在内的一整套《法国律例》(1880年)[同文馆化学兼天文教习毕利干(Billequin, A. A.)口译,宛平时雨化笔述]。《法国商法典》当时被译介为《贸易定律》,破产规则的若干术语亦因当时的翻译而约定俗成。不过,该译本直至10年以后才逐渐获得世人的重视,端赖康有为、梁启超等维新派思想家之慧眼而跳出“交涉便利”之用,转为可资清政府治理国内之立法参照。

言归正传。1820年葡萄牙国内革命后,政体上选择了英式君主立宪制,但法律体系方面在追随法国。其时葡萄牙的海外扩张事业日趋衰落,国内经济建设也因政局动荡而受阻碍。在商事法律方面,由于商事立法的陈旧和混乱与司法见解的不统一,商人们在处理商事纠纷时往往各行其是。其时,《法国商法典》及受其影响的欧洲其他国家(如意大利、西班牙)的商事立法活动,给了葡萄牙立法者以极大的刺激和启发。如何走出“律令时代”的消极影响,通过法典编纂方式将以往散漫不堪的法律规则系统化,便是摆在君主立宪时期葡萄牙主权机关面前的政治任务,商事立法即是其中之一。葡萄牙的法典化运动,也正是从商法开始的。

实际上,葡萄牙早期商事规则已有破产方面的内容。在葡萄牙商法史上,《阿丰素五世律令》最早涉及一些破产法规范。后来取而代之的《曼努埃尔一世律令》,亦持同样或至少基本一致的规范,以罗马法财产委付制度为破产规范的指引,并参考意大利商人破产主义的立法成例,致力于对债务人进行惩罚。但这些规则十分零散,给法律适用带来很大的困阻,亟待进行法典化的系统整合。

1833 年 9 月 18 日葡萄牙通过训令颁行《葡萄牙商法典》,规定于 1834 年 1 月 14 日生效。该法典分两大部分:第 1 部分是陆上商法规则,共 3 卷。第 1 卷商人;第 2 卷商业业务;第 3 卷商行为、商业法庭的构成和破产规则。第二部分是海上商法规则。

值得一提的是,这部法典的主要起草者是法律专家费雷拉·博日兹(Perreira Borges)。他是葡萄牙近代著名的法学家、政治家和经济学者,曾经当过律师,具有丰富的司法实践经验,早年被流放于伦敦和巴黎,亦对英国、法国及欧洲其他国家(如意大利、西班牙)的商事法律有过比较法上的观察和学习。在负责制定商法典时,他有意糅合了英国商事习惯法和欧洲大陆国家商事成文法制,亦将自身作为律师所得的司法实践经验充分融和。但编纂工作主要任务在于将既往的商事律令统一化和近代化,因此法典内容仍然以葡萄牙既有的商事法制为重心。

这部法典是葡萄牙法律史上第一部近代性质的商法典,是商事法从律令体系转向法典编纂的关键一步,是葡萄牙法学家通过比较法充分汲取近代欧洲商事经验的立法产物,标志着自由竞争资本主义法律体系在葡萄牙的近代生长。但是,当时政局的动荡并不利于商事法制建设,立法者本身的立法经验不够成熟。因此,无论是结构、内容还是表达方面,这部法典都存在较为明显的问题。鉴于其结构、内容与表达上的种种局限,它对未来商事法制发展也匮乏足够的预见性和指引性,难以真正契合葡萄牙近代商业发展的时代需求。

制定一部真正契合时代精神的商法典,便是随后数十年间葡萄牙立法者的任务之一。

二、尝试摆脱法国影响之葡萄牙单行立法及其变易

随着近代葡萄牙商业活动的不断发展,在1833年《葡萄牙商法典》颁行后,为补救法典在商事法制方面的不足,为数可观的单行立法也陆续涌现,其中尤为重要的是隐名公司及股份公司(1867年6月22日法律)和工商业商标(1883年10月23日训令)等新兴部门法。制定更新的统一商法典,成为19世纪后期葡萄牙立法者和法律家的新任务。

1859年葡萄牙政府为此目的,任命了一个专门委员会。但这个委员会以及后来的委员会,均未能真正做好这份工作。为此作出实质贡献的核心人物是葡萄牙法学家贝罗(Veiga Beirão)。贝罗先生负责起草这部新的商法典时,努力摒弃1833年商法典编纂模式的影响,改分为卷、编、章、节、分节、条款,对商事法律规则进行更为理性的系统化编纂。

1888年6月28日这部面貌焕然一新的《葡萄牙商法典》被正式核准。同年8月23日法典公布于《政府公报》。1889年1月1日法典在葡萄牙生效实施。法典最初有四编,共749条,基本结构如下:第1编,商事活动的一般规定。这是商法概论部分,包括商法的基本概念、商事能力与商人、商业名称、商业账簿等方面。第2编,各种商业合同。这是商法典的重心内容,涉及公司法、票据法、银行法、保险法等内容,下分20篇。第3编,海商规则,包括海运、海上风险保险、弃船、风险合同、海损、被迫进港、船舶碰撞、海上救助与援助。第4编,破产规则。

该法典之第4编在立法理念及技术上均有进一步发展,表现在不仅整合了传统的破产规范,亦吸收了罗马法和1883年《意大利商法典》关于破产的若干制度及精神。例如,实施商人破产主义,以停止支付作为商人的破产原因,等等。

不过,因应葡萄牙国内商事法律改革之需,原本纳入商法典的破产法规则,在后来不断陷入"独立还是归并"的问题争议及伴随而来的技术调整中。

1899 年 7 月 26 日葡萄牙核准单行法律——《葡萄牙破产法》。《葡萄牙商法典》于是删掉第 4 编，只剩 691 条。这部商法典此后还有不少增删变易，广泛涉及商事合伙、票据（汇票、支票和本票）、银行组织、工业产权、保险、海商合同、债券发行、动产有价物等内容，其他方面的补充和修订也在持续进行，且延续至 20 世纪 80 年代仍未断绝。但无论如何变易，破产规则都不再纳入商法典的体系内。经过狂飙突进式的法律本地化运动之后，1999 年 11 月 1 日颁行的本地化法律——《澳门商法典》，同样排除了破产规则。

当然，独立出来的《葡萄牙破产法》并未持续多久，又被纳入新的程序性法典之内。1905 年 12 月 14 日葡萄牙颁行整合了多项程序规则的《葡萄牙商业程序法典》，将原来的破产法视为程序法规范。至此，破产法由最初被界定为商事实体法的性质，转而纳入特别程序法的体系之内。

三、葡萄牙破产法在近代澳门的延伸与适用

葡萄牙破产规则在早期澳门的适用，仅见于澳门葡人社会内部，不能对澳门华人或在澳门境内的其他国家人士产生效力。

从 1833 年《葡萄牙商法典》颁行到 1888 年《葡萄牙商法典》诞生之前，澳葡内部司法机构适用破产规则处理的讼案，很少见诸澳门的历史档案。笔者遍查文献，所知者仅见一宗：1845 年（道光二十五年）4 月 23 日澳门土生葡人辛德曼（João Hyndman）以他本人及其子女的名义，向寓居澳门的巴斯商人希尔治皮・鲁斯托姆治（Heerjeebhoy Rustomjee）提出诉讼。被告为当时著名的鸦片商，1840 年后一直租居辛德曼家族在澳门南湾大马路第 34 号公馆，年租金 600 元。到 1845 年时，被告因经济破产，不仅拖欠房租，还无力支付按金，故被辛德曼家族告到澳门法院。被告还欠另一澳门葡人戈麦斯（António Gomes）的债，故澳门法院于当年 12 月 1 日下令封存其家俱为抵押。当然，澳葡商人在澳门境内的商业竞争从未根绝，在弱肉强食的自由竞争时代，因经营不善而宣告破产必然不乏其事。

1888 年《葡萄牙商法典》的颁行，可谓赶上了生逢其时的历史契机。因为 1887 年清政府与葡萄牙签署《中葡和好通商条约》，以双边国际条约方式确立了葡萄牙"永驻管理"澳门的政治地位，葡萄牙据此延伸本国所有法律于澳门

的行为,便具有所谓正当的法理根据。这部刚刚生效的《葡萄牙商法典》当然也不例外,顺理成章就在澳门获得了所谓法理意义上的全面适用之效力。1888年6月28日葡萄牙主权机构核准《葡萄牙商法典》的海外效力。该项核准之第7条指出:“法律授权政府在听取海外省管治机构的意见后,根据各海外省的实质需要,作适当修改后延伸适用于各海外省。”

1894年2月20日葡萄牙着手统一海外管辖地区而展开司法改革,因之通过《海外司法管辖条例》,其中规定“1888年商法典被延伸适用至海外”。该项改革的意义十分重要,涉及葡萄牙海外属地的司法组织、有关实体法的适用等方面的统一化。澳门正是在此改革之后,依据统一司法管理体系的要求,将澳门地区设定为葡萄牙司法体系中的“法区”,据此而改造了华政衙门的职能体系,创设了近代性质的澳门法区法院。同年4月27日《海外司法管辖条例》公布于《澳门宪报》,这意味着《葡萄牙商法典》亦在澳门延伸适用,其效力延至1999年11月1日《澳门商法典》颁行为止。

自1894~1976年,针对《葡萄牙商法典》作出的后续补充或修订,以及相关的单行法律,亦源源不断地通过《澳门宪报》延伸适用于澳门。其中较为重要的法律,包括1901年《有限公司法》、1959年《商事登记法典》及其他相关的修正案;较为重要的法令,包括1940年关于公司召集大会股东选举权利解释的第12251号法令、1971年关于海商法修正案的第679/73号法令、1972年关于股东大会股东之表决及订定有同等表决权之股东歧见处理的第154/72号法令、1973年规范公司合并及分裂事项的第598/73号法令等。

但需要指出的是,这些法律及法令在澳门的直接强制植入,并未充分考虑澳门本地的政治经济文化社会条件而予调整,因而在带给澳门社会以近代欧洲商法体系的同时,也使澳门原有的商事习惯及律例体系失去地位。裹挟其中的葡萄牙破产规则,同样不能幸免于此历史宿命。

四、作为民事诉讼特别程序的澳门破产法规则

至20世纪前期,为顺应时代发展及纠纷解决之需,葡萄牙对民事诉讼程序适时予以改革。葡萄牙法学家雷伊斯(Jose Alberto dos Reis)的著作,提出口述或实时方式原则及法官较大参与性原则,成为1926年和1932年民事诉

讼法制改革的指导思想，最终引入葡萄牙现代民事诉讼法制之中。

受1926年及1932年法制改革的启发，1939年5月28日葡萄牙通过第29637号命令颁行《民事诉讼法典》，废止《商业程序法典》。法典草案出自上文所述的葡萄牙法学家雷伊斯之手，其体系在后续的法律改革及法典修订中被基本承袭下来。这部法典的诞生，意味着近代葡萄牙民事诉讼与商事诉讼法制的现代化，实际是通过多次的局部改革而形成程序规范的统一立法。从此以后，破产法一直纳入民事法律体系，变成民事诉讼法的特别程序。

第二次世界大战结束后，因应时代变化及民众法律意识的发展，葡萄牙再次着手全面修订民事诉讼法制。1961年12月8日葡萄牙通过第44129号法令核准新版《葡萄牙民事诉讼法典》。自1962年4月24日起，该法典在葡萄牙国内生效。同年7月30日通过第19305号训令，规定自1963年1月1日起延伸适用于澳门。这部新版《葡萄牙民事诉讼法典》，旨在改正口述原则及与其有关的合议庭运作程序，立法技术较之以往更趋完善。为配合1967年新版《葡萄牙民法典》之运行，依据1967年5月11日第47690号法令、1970年7月11日第323/70号法律，该法再次作出相应的修订。同样纳入特别程序的破产规则，并无根本变化。

1999年11月1日经过法律本地化得以颁行的《澳门民事诉讼法典》，取代1961年葡萄牙《民事诉讼法典》。该法典同样将破产程序纳入其中，成为澳门民事程序法制的有机组成部分。

依据《澳门民事诉讼法典》之体例，破产程序被列入第五卷“特别程序”，集中规定于该卷第12编“财产清算”之第3章“为债权人利益作清算”，下分13节：一般规定；避免宣告破产之方法（包括召集债权人、对债权之临时审定、和解、债权人之协议）；宣告破产及透过异议表示反对；破产之效力（包括破产对于破产人所产生之效力、破产对于破产人作出之法律行为所产生之效力）；保全财产之措施；破产财产之管理；资产之清算；负债之审定及财产之返还与划分；对债权人之支付（包括一般规定、衍生破产时之支付）；破产管理人之账目；中止破产程序之方法；破产对于破产人所产生效力之终止；无偿还能力。

相比之前纳入《葡萄牙商法典》的商事实体规则及后来单行的《葡萄牙破产法》，再至纳入《葡萄牙民事诉讼法典》的民事诉讼特别程序，《澳门民事诉讼法典》对于破产程序的规范更具系统化、理性化和本地化之特质。但也正因法律本地化运动的狂飙突进,包括这部诉讼法典在内的澳门五大法典,无一例外都存在立法过于仓促、衔接未尽周详的技术问题。正因如此,澳门回归以来的破产案件,在适用这部本地化的诉讼法典时,难免在某些技术操作层面受到学界乃至社会各界相关人士的诟责。此乃后话,囿于篇幅,这里不再展开具体分析。

五、结　语

综上所述,破产法在葡萄牙法律发展史上并非主角,与此相关的学术研究亦十分稀薄。但是,葡萄牙破产法在弹丸之地的澳门商业社会中,因缘近代商贸竞争的急剧扩展而意外得到重视。

不仅如此,葡萄牙在破产立法方面的曲折发展,即最初被视为商事实体规则而纳入《葡萄牙商法典》,后来又被独立拓展为兼具实体性与程序性的《葡萄牙破产法》,再被强行拖入《葡萄牙商业程序法典》,最后才被收编于《葡萄牙民事诉讼法典》,终于完成从特别商事实体法到特别民事程序法的"华丽转身",其变迁本身之所折射的正是破产法在近代世界法律发展历程的曲折印记。对此历程予以梳理,就不仅仅有助于理解破产法在澳门的历史变迁,亦将有助于更为全面地认识破产法在法律文明史上的独特位置。

澳门回归成为葡萄牙破产法在澳门适用的历史终结者,但这种政治意义上的切割并不意味着法律意义上的切割,更不可能成为文化意义上的切割。事实上,澳门在政权过渡期展开法律本地化运动时,即已依据《中葡联合声明》及《澳门基本法》等法律文件之精神,对葡萄牙破产法在澳门的存留及影响作出合理的处置。葡萄牙破产法在名义上离开了澳门,但绝大部分内容通过法律本地化的技术操作而获得新生,以澳门破产法的规则形态继续存留在澳门。

就此而言,从"锈迹斑斑"的葡萄牙破产法到焕然一新的澳门破产法之发展,固然得力于法律本地化时期该法起草者的政治使命感与职业使命感,但归根结底是现代商业社会对于破产规则寄予时代要求的产物。申言之,它不仅仅只是澳葡政府委托专家学者作为立法者的技术产品,也是整个20世纪世界范围破产法之高速发展及其在澳门这个商贸社会赐予"立法者"的文化结晶。

图书在版编目(CIP)数据

破产法茶座. 第1卷 / 王欣新主编. -- 北京 : 法律出版社, 2016.8(2019.7 重印)
(破产法文库)
ISBN 978-7-5118-9798-5

Ⅰ. ①破… Ⅱ. ①王… Ⅲ. ①破产法-中国-文集
Ⅳ. ①D922.291.924-53

中国版本图书馆 CIP 数据核字(2016)第179164号

破产法茶座(第1卷)
POCHANFA CHAZUO (DI-1 JUAN)

王欣新 主编

策划编辑 沈小英
责任编辑 陈　妮
装帧设计 马　帅

出版 法律出版社
总发行 中国法律图书有限公司
经销 新华书店
印刷 北京虎彩文化传播有限公司
责任印制 吕亚莉

编辑统筹 法治与经济出版分社
开本 710毫米×1000毫米 1/16
印张 10.25 **字数** 150千
版本 2016年8月第1版
印次 2019年7月第3次印刷

法律出版社/北京市丰台区莲花池西里7号(100073)
网址/www.lawpress.com.cn
投稿邮箱/info@lawpress.com.cn
举报维权邮箱/jbwq@lawpress.com.cn
销售热线/400-660-8393
咨询电话/010-63939796

中国法律图书有限公司/北京市丰台区莲花池西里7号(100073)
全国各地中法图分、子公司销售电话:
统一销售客服/400-660-8393/6393
第一法律书店/010-83938432/8433 西安分公司/029-85330678 重庆分公司/023-67453036
上海分公司/021-62071639/1636 深圳分公司/0755-83072995

书号:ISBN 978-7-5118-9798-5 **定价:**50.00元
(如有缺页或倒装,中国法律图书有限公司负责退换)